马克思主义中国化经典著作融入高校思政课教学研究

——以『毛泽东思想和中国特色社会主义理论体系概论』课程为例

曹媛媛 著

2019年度教育部示范优秀教学科研团队建设项目（重点选题）

项目名称：『毛泽东思想和中国特色的社会主义理论体系概论』课教学资源建设研究

项目编号：19JDSZK006

九州出版社 全国百佳图书出版单位
JIUZHOUPRESS

图书在版编目（CIP）数据

马克思主义中国化经典著作融入高校思政课教学研究：以"毛泽东思想和中国特色社会主义理论体系概论"课程为例 / 曹媛媛著. -- 北京：九州出版社，2023.8
ISBN 978-7-5225-2068-1

Ⅰ．①马… Ⅱ．①曹… Ⅲ．①高等学校－思想政治教育－教学研究－中国 Ⅳ．①G641

中国国家版本馆CIP数据核字(2023)第152493号

马克思主义中国化经典著作融入高校思政课教学研究：
以"毛泽东思想和中国特色社会主义理论体系概论"课程为例

作　　者	曹媛媛　著
责任编辑	肖润楷
出版发行	九州出版社
地　　址	北京市西城区阜外大街甲 35 号（100037）
发行电话	(010)68992190/3/5/6
网　　址	www.jiuzhoupress.com
印　　刷	北京盛通印刷股份有限公司
开　　本	720 毫米 ×1020 毫米　16 开
印　　张	13.75
字　　数	200 千字
版　　次	2023 年 8 月第 1 版
印　　次	2023 年 8 月第 1 次印刷
书　　号	ISBN 978-7-5225-2068-1
定　　价	46.00 元

目　录

绪　论

2021 年 7 月，习近平总书记在庆祝中国共产党成立 100 周年大会上的讲话中指出："中国共产党为什么能，中国特色社会主义为什么好，归根到底是因为马克思主义行！" 2022 年 10 月，习近平总书记在党的二十大报告中进一步指出："中国共产党为什么能，中国特色社会主义为什么好，归根到底是马克思主义行，是中国化时代化的马克思主义行！" 一个世纪多来，中国共产党始终以马克思列宁主义为指导思想，紧跟时代潮流，顺应实践发展，围绕使命任务，不断开辟马克思主义中国化时代化新境界。在这一历史进程中，中国共产党始终运用马克思主义的立场、观点和方法，观察时代、把握时代、引领时代，解决中国革命、建设、改革中的实际问题，总结和提炼中国革命、建设、改革的实践经验并将其上升为理论，不断丰富和发展马克思主义的理论宝库，赋予马克思主义以新的时代内涵，并运用中国人民喜闻乐见的民族语言来阐述马克思主义，使其植根于中华优秀传统文化的土壤之中，形成具有中国特色、中国风格、中国气派的系列理论成果。具体而言，形成了毛泽东思想、邓小平理论、"三个代表"重要思想、科学发展观、习近平新时代中国特色社会主义思想。

"毛泽东思想和中国特色社会主义理论体系概论"课程以马克思主义中国化时代化为主线，充分反映中国共产党不断推进马克思主义基本原理同中国具体实际相结合、同中华优秀传统文化相结合的历史进程和基本经验，集中阐述马克思主义中国化时代化理论成果的形成过程、主要内容、精神实质、历史地位和指导意义。其中，在《毛泽东思想和中国特色社会主义理论体系概论》2023版教材中，重点讲述毛泽东思想、邓小平理论、"三个代表"重要思想、科学发展观。

马克思主义中国化经典著作为何需要融入"毛泽东思想和中国特色社会主义理论体系概论"课程？马克思主义中国化经典著作又应如何融入"毛泽东思想和中国特色社会主义理论体系概论"课程？笔者结合自身的教学实践探索，做了一些思考和总结。首要是回答将马克思主义中国化经典著作融入"毛泽东思想和中国特色社会主义理论体系概论"课程课程有何必要性。

一、由马克思主义中国化经典著作的理论特征与课程性质共同决定

何为经典？常念为经，常说为典，蕴藏智慧与方法，被后人不断传诵，不停使用，正可谓常学常新、常思常悟、常研常得。从本质上看，将马克思主义中国化经典著作融入"毛泽东思想和中国特色社会

主义理论体系概论"课程由马克思主义中国化经典著作的理论要求与"毛泽东思想和中国特色社会主义理论体系概论"课程性质共同决定。马克思主义中国化经典著作如《毛泽东选集》《邓小平文选》《江泽民文选》《胡锦涛文选》等。当前，全国高校思政课现行的《毛泽东思想和中国特色社会主义理论体系概论》2023版教材是以马克思主义中国化时代化为主线，集中阐释马克思主义中国化时代化进程中形成的理论成果，是对马克思主义中国化时代化理论成果的高度凝练和抽象概括，教材本身虽不是原文，但对马克思主义中国化经典著作原文有大量的选取，为了更加完整、准确地理解马克思主义中国化时代化理论成果的科学内涵和生动发展历程，还是要回归马克思主义中国化经典原著的原文之中。正如恩格斯所强调的那样："我请您根据原著来研究这个理论，而不要根据第二手的材料来进行研究——这的确要容易得多。"回到马克思主义中国化经典原著，有利于大学生在最本原的语境和背景中去感悟原理。引导学生回归经典、阅读经典，对于大学生成长成才具有重要意义，帮助他们扣好人生的第一粒纽扣，这正是回归经典的价值所在。

《毛泽东思想和中国特色社会主义理论体系概论》2023版教材在阐释具体理论时，就是以马克思主义经典原著原文作为理论依据和来源，因而对原著原文作了大量引用。我们可以把马克思主义中国化经典原著原文与《毛泽东思想和中国特色社会主义理论体系概论》2023版教材二者之间的关系概括为"源与流""根与叶"的关系。如在第二章新民主主义革命理论中讲述新民主主义革命道路形成的必然性的内容，党之所以能够深入农村积蓄革命力量，建设农村革命根据地，最终实现农村包围城市并成立新中国的五个因素，其实正是毛泽东同志在第二次国内革命战争时期，于 1928 年 10 月写作《中国的红色政权为什么能够存在？》中的第二部分"中国红色政权发生和存在的原因"[①]中分析论证的内容。马克思主义中国化经典著作充分体现辩证唯物主义和历史唯物主义的立场、观点、方法，这些经典著作翔实记录着中国共产党人为实现中华民族谋复兴、为中国人民谋幸福而奋斗的真实足迹，凝结着中国共产党人解决中国革命、建设、改革各个历史时期不同时代之间的集体智慧，可以说，中国共产党的历史就是一部不断推进马克思主义中国化时代化的历史，是一部不断推进理论创新、进行理论创造的历史。而马克思主义中国化经典著作正是"毛泽东思想和中国特色社会主义理论体系概论"的本源和基础。

中国化时代化的马克思主义理论成果不同于马克思恩格斯那样的理论，也不同于中共的早期领袖李大钊、陈独秀、瞿秋白的理论学说，而是与整个中国革命、建设、改革的不同历史时期的具体实践紧密结合，深入经济、政治、社会、军事、外交等领域中。我们可以看到，毛泽东的著作是在血雨腥风的革命年代、在如火如荼建设岁月中粹炼而成，是中国革命和建设的鲜活写照。邓小平、江泽民、胡锦涛、习近平的著作在波澜壮阔的改革大潮中应运而生，是中国改革的鲜活写照。从 1921 年中国共产党成立到 1949 年中华人民共和国成立，再到 1978 年十一届三中全会揭开了改革开放的伟大序幕，再到 2021 年全

---

① 《毛泽东选集》第一卷，北京：人民出版社 1991 年版，第 48 页。

面建成小康社会，一百多年来，形成了一系列马克思主义中国化时代化的经典著作，都是为了解决不同历史时期的历史问题而作，如大革命时期，毛泽东为了斥责当时党内外对于农民运动责难而写的《湖南农民运动考察报告》；第一次内战时期，毛泽东为了扭转革命悲观情绪，与怀疑红色政权存在作斗争而作的《中国的红色政权为什么能够存在》；抗日战争时期，毛泽东为彻底驳斥"亡国论"和"速胜论"的片面观点，把全国军民思想统一到脚踏实地、持久抗战并最终夺取胜利的正途上来的《论持久战》；解放战争时期，毛泽东为了揭露美国对话政策的帝国主义本质，对中国革命的发生和胜利的原因做出理论说明的《丢掉幻想，准备斗争》、为推翻蒋家王朝的斗争《将革命进行到底》；在社会主义道路中初步探索阶段，毛泽东为了调动一切积极因素为社会主义服务而作《论十大关系》、为了正确处理社会主义社会矛盾而作《关于正确处理人民内部矛盾的问题》；在改革开放新时期，邓小平为了重新确立党的思想路线，解决一系列重大理论和实践问题而作《解放思想，实事求是，团结一致向前看》，为了总结我国民主政治建设的得与失，为了适应社会主义现代化建设的需要而作《党和国家领导制度的改革》一文，等等，我们深知，马克思主义中国化时代化经典著作承载着中国共产党人探索真理、揭示人类社会发展规律的全部智慧结晶。通过亲近马克思主义中国化经典著作、走进马克思主义中国化经典著作、认真品读马克思主义中国化经典著作，我们不仅可以更好地掌握马克思主义基本原理，深化对中国近现代史的理解和把握，还能受到良好的思维训练和高尚的道德熏陶。

二、为了更好地落实思政课的历史责任

"思政课是落实立德树人根本任务的关键课程，思政课作用不可替代。"[①] 根据当前形势，办好思政课，是要放在世界百年未有之大变局、党和国家事业发展全局中看待，我们要培养的人是能够完成"两个一百年"历史任务的时代新人，这是教育的历史责任，亦是思政课的历史责任。

（一）增加思政课的学术含量，做到有理讲理

很多人把思政课看成一门政策宣讲课，学生在思想上也不太重视，这都是误区。思政课的本质是讲道理，思政课教师要想"讲理"，前提必须是"有理"。而理是从何来？那就是我们从系统地钻研马克思主义中国化经典著作当中所获得来的，特别是下大功夫去深研名篇，能够聚焦于它的观点和方法，因为经典著作具有把握时代问题的理论洞察力、概括问题的理论概括力、分析问题的理论思辨力和启迪思想的理论思想力，让我们的理论思维能力得到切实的提升。如果没有建立在系统地钻研和真切地领悟的基础上，如何能够向学生生动地展现马克思主义的真理力量呢？故此，只有思政课教师的入脑、入心，才能入到学生的心里和脑里，才能让学生真正能够体会到马克思主义的真理的力量，才能够让青年大学生真学、真懂、真信、真用马克思主义。此外，将马克思主义中国化经典著作融入思政课堂也是破解思政

---

① 习近平：《思政课是落实立德树人根本任务的关键课程》，《求是》，2020 年第 17 期，第 4 页。

课的现实困境的教学改革措施之一，从而落实立德树人根本任务。

（二）提升大学生理论素养，强化实事求是的学风

马克思主义不是书斋里的学问，马克思、恩格斯、列宁、毛泽东、邓小平等都不是书斋里的学者。恩格斯在《在马克思慕前的讲话》中说道："马克思首先是革命家。"的确，毛泽东、邓小平也首先是革命家。作为革命家的他们同时又是理论家，是作为革命家的理论家始终坚持实事求是的思想路线。这个问题从根本上关系到我们应该如何认识和改造世界，我们应该有着怎样分析和解决问题的立场、观点和方法，就是毛泽东本人精辟概括的"实事求是"问题。主观与客观如何统一，理论与实际怎样结合，如何从"实事"中"求是"。马克思主义中国化经典著作记录着中国共产党人为中华民族谋复兴、为中国人民谋幸福的真实足迹，凝结着中国共产党人解决中国革命、建设、改革各个历史时期时代之间的集体智慧。这些理论著作反映了中国共产党人对具体历史事实的深入分析、对现实世界的深刻批判中发现真理的艰辛历程，具有宏阔的整体性、深厚的历史感和高度的思辨性，成为不可多得的思维训练的磨刀石。我们党和国家历代领导人的著述都是为了回答中国革命、建设、改革进程中面临的各种现实问题，具有阐释党的纲领、路线、方针和释疑解惑的功能，原原本本读这些著述，有助于增进对中国革命、建设、改革进程的了解。引导大学生对相关的马克思主义经典原著原文认真学习，能更好地达到促进大学生悟原理的目的，使大学生对马克思主义基本原理知其然更知其所

以然，有利于深刻理解中国特色社会主义的道路、理论、制度、文化四者的内在逻辑；有利于提高学生分析问题、解决问题的能力；有利于大学生坚定理想信念。是把品读和体悟经典当作生活习惯和精神追求。马克思主义中国化经典著作体现了中国共产党人分析问题和解决问题的方法，从这些经典中可以发现到今天依然适用的方法和思想，对今天的大学生具有极大的启示作用。通过阅读马克思主义中国化经典原著，不仅增长青年大学生的智慧，培养高尚的情怀和品德，还可以锻炼提升青年大学生分析问题、解决问题的能力。

三、有助于强化当代大学生的使命担当

通过亲近和品读马克思主义中国化经典原著加强道德熏陶，同时强化大学生使命担当。党的二十大明确提出"着力培养担当民族复兴大任的时代新人"的重大命题，为新时代青年学子成长指明了方向。今天我们要培养的人，是能够完成"两个一百年"历史任务的时代新人。习近平总书记曾经强调："坚定的理想信念，必须建立在对马克思主义的深刻理解之上。"[①] 将马克思主义中国化经典原著融入"毛泽东思想和中国特色社会主义理论体系概论"课程，有助于学生学深悟透马克思主义基本原理，坚定马克思主义信仰，坚定共产主义理想信念，坚定实现中华民族伟大复兴"中国梦"的信心。

习近平总书记谈他的读书的体会时谈到了三点：读书可"激发思

---

① 习近平：《在庆祝中国共产党成立95周年大会上的讲话》，《人民日报》，2016年7月2日，第1版。

想活力，启迪哲理智慧，滋养浩然之气"①，将这三点聚焦于马克思主义中国化经典著作时，就是读马克思主义中国化经典著作可激发学生真学马克思主义中国化的理论成果，启迪哲理智慧引导学生真信马克思主义，以浩然之气引导学生真用马克思主义。

积极引导当代青年大学生接触、学习、品读马克思主义中国化经典作家的第一手资料，与经典作家跨越时空的交流，一方面，在追本溯源过程中完整地、全面地认识中国共产党执政规律、社会主义建设规律和人类社会发展规律；另一方面，是为了让中国革命、建设、改革的艰辛历程能够在大学生心中还原，从而引导青年大学生深刻体会中国共产党中国共产党为什么能，中国特色社会主义为什么好，中国化时代化的马克思主义为什么行。增强青年大学生对中国特色社会主义的道路自信、理论自信、制度自信和文化自信，树立和坚定共产主义理想，推动其自觉为崇高理想信念而矢志奋斗。

---

① 《国家领导人谈读书 习近平：启发智慧滋养浩然之气》，人民网，http://culture.people.com.cn/n/2014/0211/c87423–24318692.html，2014 年 2 月 11 日。

第一章

马克思主义中国化经典著作融入
"毛泽东思想和中国特色社会主义理论体系概论"
课程教学的基本原则

　　将马克思主义中国化经典著作融入"毛泽东思想和中国特色社会主义理论体系概论"课程是提高高校思政课实效性的关键一招，那么，该如何将马克思主义中国化经典著作融入"毛泽东思想和中国特色社会主义理论体系概论"课程呢？笔者认为应主要遵循坚持经典阅读原典性与现实问题导向性的有机统一；坚持教师导学的主导性与学生品学的主体性的有机统一；坚持"达理"与"通情"有机统一的三个基本原则。

第一节　坚持经典阅读的原典性与现实问题的导向性相统一

　　坚持经典阅读原典性与现实问题导向性的有机统一是将马克思主义中国化经典著作融入"毛泽东思想和中国特色社会主义理论体系概

论"课程的首要原则。深耕马克思主义中国化经典著作，特别是党的领袖的理论著作，具体而言，包括新民主主义革命时期、社会主义革命和建设时期的毛泽东的理论著作，改革开放和社会主义现代化建设新时期的邓小平的理论著作、江泽民的理论著作、胡锦涛的理论著作，也包括在我党百余年的历史中形成的纲领性、重量级的三篇《决议》，一是1945年党的六届七中全会原则通过的《关于若干历史问题的决议》，它标志延安整风结束，第一次公开确认毛泽东思想的指导地位，确立了实事求是思想路线的地位；二是1981年党的十一届六中全会通过的《关于建国以来党的若干历史问题的决议》，科学评价了毛泽东和毛泽东思想，重新确立了实事求是的思想路线；三是2021年党的十九届六中全会通过的《中共中央关于党的百年奋斗重大成就和历史经验的决议》；这些马克思主义中国化经典著作都生动展现了马克思主义中国化时代化的继承与发展的实践轨迹，深刻彰显了马克思主义中国化时代化的发展逻辑。

一、坚持经典阅读的原典性

（一）原典性是阅读研究马克思主义中国化经典著作的基本要求和内在规定

无论是马克思主义经典著作还是马克思主义中国化经典著作都是被实践检验和证明了的科学真理，具有原创性和不可替代性，它的历史影响巨大，阐述的内容历久弥新，他们的理论揭示出"现存的阶级斗争、我们眼前的历史运动的真实关系的一般表述"的科学规律，其中包括了经济规律、社会规律、自然规律等各领域各方面各层次的具体微观层面的规律，也包括了共产党执政规律、社会主义建设规律、人类社会发展规律这些宏观层面的规律，它反映了人类的普遍追求，它的逻辑思维细密曲折，它的理论架构雄浑庞大等，不一而足。恩格斯在谈如何学习《资本论》时强调："对于那些希望真正理解它的人来说，最重要的却正好是原著本身。"[①] 但阅读经典不是一件易事，需要始终坚持经典阅读，更需原典性阅读。

（二）原典性来自马克思主义中国化经典著作的真理性

马克思主义中国化经典著作已被时间和实践检验并证明了它的真理性，原典阅读能够提升学生的思维能力和认知水平。原典性是马克思主义中国化经典著作内在特征，但不是让我们死记硬背一些马克思主义中国化经典著作中的概念、段落或是语录，满足于几句漂亮口号，更并不意味着生搬硬套，把马克思主义理论当作包治百病的灵丹妙药，生硬剪裁了现实的鲜活的实践发展，这都不是一个马克思主义者的态度。正如马克思、恩格斯在《共产党宣言》序言中所指出的那样："这些原理的实际运用，如〈宣言〉中所说的，随时随地要以当时的历史条件为转移。"[②] 恩格斯曾指出："马克思的整个世界观不是教义，而是方法。它提供的不是现成的教条，而是进一步研究的出发点

---

① 《马克思恩格斯全集》第四十六卷，北京：人民出版社 2003 年版，第 1005 页。

② 《马克思恩格斯选集》第一卷，北京：人民出版社 2012 年版，第 376 页。

和供这种研究使用的方法。"①170多年来，马克思主义之所以能始终保持巨大影响力和蓬勃生命力，关键就在于实事求是始终是它的活的灵魂。而中国共产党人始终坚持将马克思主义的立场、观点、方法运用于某一特定、具体的社会历史条件之中，实现马克思主义的中国化、时代化，也只有这样，才能真正符合马克思主义实事求是的基本意蕴，才能永葆马克思主义真理性，这样才能焕发出超越时空的强大魅力。所以，我们阅读研究马克思主义中国化经典著作首要坚持的就是原典性这一原则。

二、坚持现实问题的导向性

导向性是阅读和研究马克思主义中国化经典著作的现实要求和内在动力。毛泽东曾指出："我们历史上的马克思主义有很多种，有香的马克思主义，有臭的马克思主义，有活的马克思主义，有死的马克思主义，这些马克思主义堆在一起就多得很。我们所要的是香的马克思主义，不是臭的马克思主义，是活的马克思主义，不是死的马克思主义"。②"我们要把马、恩、列、斯的方法用到中国来，在中国创造出一些新的东西。只有一般的理论，不用于中国的实际，打不得敌人。但如果把理论用到实际上去，用马克思主义的立场、方法来解决中国问题，创造些新的东西，这样就用得了。"③马克思主义中国化经

---

① 《马克思恩格斯选集》第四卷，北京：人民出版社2012年版，第664页。
② 《毛泽东文集》第三卷，北京：人民出版社1996年版，第331—332页。
③ 《毛泽东文集》第二卷，北京：人民出版社1993年版，第408页。

典著作阅读的目标在于应用，这是我们研究经典的作用与价值。马克思主义从来都不是书斋式的或是陷入"本本主义"、教条主义，而是始终保持鲜活的生命力，能够不断回应、解决中国实际问题，形成了中国化时代化的马克思主义，正是因为马克思主义经典著作蕴含的真理，才能持续不断地对中国革命、中国建设、中国改革发挥重要作用。

学习经典原著要注重现实问题的导向性，鼓励学生善于用马克思主义立场观点方法来认识分析解决中国现实问题，真正深刻领会理论的博大精深。坚持理论联系实际，做到理论与现实相统一，最重要的是用现实活化理论、用理论照亮现实，用现实活化理论从而使灰色的理论变得熠熠生辉，用理论照亮现实从而使朴素的现实变得厚重坚持和深沉。① 以问题为导向的教学理念讲授马克思主义中国化时代化的理论成果，这就是理论是思想中的现实。而任何重大的理论问题都源于重大的现实问题，任何重大的现实问题都蕴含重大的理论问题。为了解决中国革命和建设的时代课题，毛泽东思想应运而生；为了解决中国改革、全面深化改革的时代课题，中国特色社会主义理论体系应运而生，故此，问题意识始终是马克思主义中国化时代化的一条主线。

在 2023 年春季教学中，笔者在讲述毛泽东思想形成过程及毛泽东思想活的灵魂中"实事求是""独立自主"的内容都不可绕开《反对本本主义》。这就需要向学生讲这篇著作写作背景、写作目的以及当代启示与价值。1930 年，毛泽东为反对当时红军中存在较为严重的教条主义思想而作，原篇名为《调查工作》，在革命年代《调查工

---

① 孙正聿：《读经典、悟原理，掌握"看家本领"》，《吉林大学社会科学学报》，2019 年第 6 期。

作》被遗失。1961 年该文被重新发现，被毛泽东称之为"失散多年的孩子"，并将《调查工作》做了修订和补充，题目改为《反对本本主义》。毛泽东在该篇著作中系统阐述调查研究思想，是我们党的重要传家宝。带领学生重读这一经典著作，对在新时代继续开展调查研究工作，仍然具有重要价值。特别是为深入学习贯彻习近平新时代中国特色社会主义思想，全面贯彻落实党的二十大精神，党中央决定，在全党大兴调查研究，作为在全党开展的主题教育的重要内容，2023 年 3 月 19 日，中共中央办公厅印发了《关于在全党大兴调查研究的工作方案》，并发出通知要求各地区各部门结合实际认真贯彻落实。调查研究是我们党的传家宝，是谋事之基、成事之道，没有调查就没有发言权，没有调查就没有决策权；正确的决策离不开调查研究，正确的贯彻落实同样也离不开调查研究；调查研究是获得真知灼见的源头活水，是做好工作的基本功；要在全党大兴调查研究之风，调查研究无论是中国革命、建设、改革的各个历史时期都是极端重要的，为做好各项工作提供了根本遵循。

第二节　坚持教师导学的主导性与学生品学的主体性相统一

一、发挥思政课教师引导和总结提炼的作用

阅读经典是学生的一场精神旅行，是与马克思主义经典作家进行的一场跨时空的对话。在马克思主义理论领域的精神旅行，需有导游的引导，否则就有迷路的危险或只是做了徘徊在马列主义大门外东张

西望的流浪汉。马克思主义中国化经典著作浩如烟海，文献写作时代背景特殊、内容深奥抽象、涵盖领域广泛，教师的主导作用不可或缺，主要是发挥导学和总结提炼的关键作用。

一方面，思政课教师在深刻把握教育规律和学生成长成才规律基础上，需要深入了解学生需求，在马克思主义中国化经典著作篇目选择上充分考虑学生思想实际、兴趣爱好，激发学生对品读经典的参与热情。大学生在面对卷帙浩繁的原著原文时，不可能做到面面俱到，这就需要思政课教师有设计、有选择地带领学生进行高效学习。在阅读计划的设定中，教师应依据每个班的专业特点、知识结构等具体情况选择阅读篇目，确定阅读步骤、要求及方式等，多渠道创造宽松良好的阅读环境。在阅读经典著作的实施过程中，鼓励学生用自身情感去体验，让钻研经典著作成为学生锲而不舍的长期追求，推动良好阅读习惯的形成。由此，思政课教师有针对性地指导学生研读马克思主义经典著作，就能起到事半功倍的效果。

另一方面，思政课教师帮助学生精选、确定经典原著的篇目，在讲述中使用大众化语言，总结提炼这些经典著作的理论内容，深入浅出介绍原著的相关背景、写作经过、主要内容；既要教会学生使用原著的辅助资料，如出版说明、注脚、索引等正文之外的内容，又要善于将深厚理论与鲜活实际有机结合起来，帮助青年大学生体会经典理论跨越时空的学术魅力和真理力量。

教师以原著为主体线索展开教学，这就需要教师要花费大量时间讲述书目清单中的原著，注重对原著闪光点的发掘，注重将马克思主义中国化经典著作与马克思主义基本原理进行对接，适当介绍经典原著的背景等相关内容通过与学生的讨论与交流，比如在讲到《反对本本主义》的时候，就应该让学生深刻了解到当时中国革命、中国共产党所处的特定的时空状态，1930 年 5 月，红四军在地方武装配合下攻克寻乌县城，在这里停留了一个月，环境比较安定。毛泽东利用红四军正分散在安远、寻乌、平远发动群众的机会，在寻乌县接连开了10 多天座谈会，进行社会调查。这是他以前还没有过的规模最大的一次调查。参加调查会的有一部分中级干部，一部分下级干部，一个穷秀才，一个破产了的商会会长，一个在知县衙门管钱粮的已经失了业的小官吏，共十一人。毛泽东把这次调查的结果，整理成《寻乌调查》，共 5 章 39 节，8 万多字。这个调查，对寻乌县的地理环境、交通、经济、政治、各阶级的历史和现状等，进行了全面而详细的考察分析。同时也要向青年大学生讲清毛泽东善于做社会调查，即便是毛泽东利用艰苦战斗的间隙，比如其中最著名的就是 1925 年《中国社会各阶级的分析》；1927 年《湖南农民运动考察报告》；1928 年撰写了《中国红色政权为什么能够存在？》《井冈山的斗争》；1930 年的《寻乌调查》；1931 年的《兴国调查》；1933 年的《长冈乡调查》《才溪乡调查》，等一系列著名的调查报告，这些报告围绕武装斗争，土地革命和根据地建设等重大问题，进行了许多开创性的调查研究工作，为革命的胜利奠定了理论基础。讲清楚这些来龙去脉，点燃学生阅读马克思主义中国化经典著作的兴趣之火，即深化对马克思主义基本原理概论的认识，又提高了学生理论联系实际的能力。

二、发挥学生主体性作用

2016 年，习近平总书记在全国高校思想政治工作会议上的讲话中指出："思想政治工作从根本上说是做人的工作，必须围绕学生、关照学生、服务学生。"[①] 为了进一步落实习近平总书记对思政课教师的要求，激活激发学生的主体地位尤为重要。

（一）树立"以学生为主体"的教学理念

2019 年 3 月，习近平总书记在思想政治理论课教师座谈会上再次强调："思政课教学离不开教师主导，同时要坚持以学生为中心，加大对学生认知规律和接受特点的研究，发挥学生主体性作用。"[②] 学生是学习的主体，是学习的主人。教育学生的目的是要让学生实现从不会到会，从被动学习到主动学习，从学习别人的经验到自己探索创新。坚持以文化人、以文育人、以文培元，鼓励学生善于从马克思主义中国化经典著作中把握理论背后的思想，因为思想之中体现了战略，战略之中蕴含了智慧，从而使学生得到思想的启迪、战略的启蒙和智慧的启示。读原著、学原文的目的首先是悟原理，要原原本本学习和研读经典著作，带着思考学，带着问题学，力争做到学有所思、学有所悟、学有所得，不断提高自己的思想理论水平，不断提高分析问题、解决问题的能力。

---

① 《习近平在全国高校思想政治工作会议上强调：把思想政治工作贯穿教育教学全过程 开创我国高等教育事业发展新局面》，《人民日报》，2016 年 12 月 9 日，第 1 版。
② 习近平：《思政课是落实立德树人根本任务的关键课程》，《求是》，2020 年第 17 期，第 13 页。

（二）制定"以学生为主体"的教学方案

让思政课对学生有启发、有触动、有作用。让学生实现学有所获，一方面是取决于教师的教，另一方面取决于学生的学，教最终要通过学起作用，所以必须让学生参与课堂教学活动，树立"以学生为主体"的理念，制定"以学生为主体"的教学方案，通过学习小组探讨、课堂展示的方式，激发学生的内生动力。发挥学生主体性作用可以通过多种形式，比如运用小组研学、情景展示、课堂辩论、课题研讨等教育方式，目的在于让学生参与课堂环节中，调动学生的积极性，启发学生思考问题。

笔者要求各教学班学生按照自愿结组原则，组成学习小组，共同研读经典著作，由组长负责组织工作及分工安排。以 2021 级管理班为例，班级共有 82 名同学，班级共组成了 20 个小组，本学期老师共布置 10 篇经典文献，要求通过班级微信群，接龙方式确定每组题目，且每篇文章最多由两个小组研究。

从经典文献选择的分布上看，"毛泽东思想"部分选择了 5 篇文章，"邓小平理论"部分选择了 3 篇文章，"'三个代表'重要思想"部分选择了 1 篇文章，"科学发展观"部分选择了 1 篇文章，学生对自己亲自参与探讨、分析、思考、归纳总结出来的知识理解更深刻、记忆更持久。他们在研究原著过程中克服的困难越大，学生的成就感就越强、学习积极性就越高，思政课的实效性就越强。

下面是作者 2023 年春季学期两个学生小组的课堂展示案例：

《反对本本主义》课堂展示汇报 [①]

第十一小组

组长：刘璐嘉

组员：蹇瑞洁、苟小坤、刘璐嘉、徐博智、王倩影、胡玉洁

一、《反对本本主义》写作的必要性及历史背景

（一）《反对本本主义》写作的必要性

1.共产国际以及我们党内、红四军内存在着迷信本本、理论脱离实际的教条主义倾向

（1）从共产国际来看存在脱离中国实际的倾向。一是在思想方面，共产国际在中国革命指导上，脱离了中国革命的实际情况，出现了主观主义的错误指导。21世纪二三十年代初，在国际共产主义运动中，盛行着把马克思主义教条化、把共产国际决议和苏联经验神圣化的教条主义倾向。二是在组织方面，共产国际把这种脱离中国革命实际的"国际路线"作为衡量中国共产党的领导路线是否正确的标准，对不执行共产国际指导即"国际路线"的中国共产党领导人采取压制、排斥的办法。

（2）从我们党和红军内部来看，在中国共产党和红军中，一些人不顾中国革命的实际，盲目地执行共产国际的决议，只知道背诵马列主义词句来指导革命，制定政策，开口闭口拿"本本"来。《反对本本主义》是毛泽东反对党内盛行的教条化的错误思潮的代表作。

---

① 本案例引文皆出自《毛泽东选集》第一卷，北京：人民出版社1991年版。

20

2.红四军在调查研究没能掌握正确的方法

红四军在调查工作中许多同志还没有掌握正确的方法。为了纠正中国共产党和红军中的教条主义倾向、大兴调查研究之风、毛泽东写下了《反对本本主义》。

（二）《反对本本主义》写作的历史背景

1.利用战时间隙搞社会调查

1930年5月，红四军在地方武装配合下攻克寻乌县城，在这里停留了一个月，环境比较安定。毛泽东利用红四军正分散在安远、寻乌、平远发动群众的机会，在寻乌县接连开了10多天座谈会，进行社会调查。这是他以前还没有过的规模最大的一次调查。参加调查会的有一部分中级干部，一部分下级干部，一个穷秀才，一个破产了的商会会长，一个在知县衙门管钱粮的已经失了业的小官吏，共11人。毛泽东把这次调查的结果，整理成《寻乌调查》，共5章39节，8万多字。这个调查，对寻乌县的地理环境、交通、经济、政治、各阶级的历史和现状等，进行了全面而详细的考察分析。

2.有做社会调查的实践经验

从建党以后到上井冈山之前。在从事革命活动的过程中，毛泽东曾在湘潭、湘乡、衡山、醴陵、长沙做过五个有系统的社会调查，撰写了一大批调查报告，其中最著名的就是《中国社会各阶级的分析》（1925）和《湖南农民运动考察报告》（1927）。这两篇调查报告科学地阐明了中国社会的半殖民地半封建性质，正确地说明了农民问题是中国民主革命的基本问题。

上井冈山之后到长征之前。毛泽东利用艰苦战斗的间隙，围绕武装斗争、土地革命和根据地建设等重大问题，进行了许多开创性的调查研究工作，撰写了《中国红色政权为什么能够存在？》（1928）、《井冈山的斗争》（1928）、《寻乌调查》（1930）、《兴国调查》（1931）、《长冈乡调查》（1933）、《才溪乡调查》（1933），等一系列著名的调查报告。毛泽东总结长期以来进行多方面调查研究活动的实践经验，从哲学的高度进行概括，便于1930年形成了这篇文章。

二、《反对本本主义》的主要内容

（一）从马克思主义认识论的高度阐述调查研究的重要性

1. 不进行调查研究在工作上的表现

一是苦思冥索。毛泽东指出："只有蠢人，才是他一个人，或者邀集一堆人，不做调查，而只是冥思苦索地'想办法'，'打主意'。须知这是一定不能想出什么好办法，打出什么好主意的。换一句话说，他一定要产生错办法和错主意。"

二是指手画脚。有些新接任的工作干部，如"许多巡视员，许多游击队的领导者，许多新接任的工作干部，喜欢一到就宣布政见，看到一点表面，一个枝节，就指手画脚地说这也不对，那也错误。这种纯主观地'瞎说一顿'，实在是最可恶没有的。他一定要弄坏事情，一定要失掉群众，一定不能解决问题"。

三是唉声叹气。有许多做实际领导工作的同志，"遇到困难问题只是叹气，不能解决，他很恼火请求调动工作，理由是'才力小，干不下'"。

2. 调查研究的重要性

没有调查，没有发言权。"你对于某个问题没有调查就停止你对于某个问题的发言权。这不太野蛮了吗？一点也不野蛮。你对那个问题的现实情况和历史情况既没有调查，不知底里，对于那个问题的发言便一定是瞎说一顿。瞎说一顿之不能解决问题是大家明了的，那么，停止你的发言权有什么不公道呢？许多的同志都成天地闭着眼睛在那里瞎说，这是共产党员的耻辱，岂有共产党员而可以闭着眼睛瞎说一顿的吗？"调查就是解决问题。"迈开你的两脚，到你的工作范围的各部分各地方去走走，学个孔夫子的'每事问'，任凭什么才力小也能解决问题，大为你未出门时脑子是空的，归来时脑子已经不是空的了，已经载来了解决问题的各种必要材料，问题就是这样子解决了。'""调查就像'十月怀胎'，解决问题就像'一朝分娩'。调查就是解决问题。""一切结论产生于调查情况的末尾，而不是在它的先头。"

3. 调查研究的哲学意义

在《反对本本主义》中，毛泽东第一次提出"没有调查，没有发言权""一切结论产生于调查情况的末尾，而不是在它的先头""调查就是解决问题"等著名口号。这些口号的提出，是对马克思主义认识论关于实践是认识的来源的观点的生动表述，是对调查研究重要意义的精辟论述和高度概括。

（二）提出了"中国革命斗争的胜利要靠中国同志了解中国情况"这一著名论断

1. 中国革命任务的艰巨性和斗争和复杂性要求党要有正确的策略

一方面，是中国革命任务的艰巨性的表现。毛泽东指出："我们的斗争目的是要从民权主义转变到社会主义。我们的任务第一步是，争取工人阶级的大多数，发动农民群众和城市贫民，打倒地主阶级，打倒帝国主义，打倒国民党政权，完成民权主义革命。由这种斗争的发展，跟着就要执行社会主义革命的任务。这些伟大的革命任务的完成不是简单容易的，它全靠无产阶级政党的斗争策略的正确和坚决。倘若无产阶级政党的斗争策略是错误的，或者是动摇犹豫的，那末，革命就非走向暂时的失败不可。"

另一方面，是中国革命斗争复杂性的表现。"资产阶级政党也是天天在讨论斗争策略的，他们的问题是怎样在工人阶级中传播改良主义影响，使工人阶级受他们的欺骗，而脱离共产党的领导，怎样争取富农去消灭贫农的暴动，怎样组织流氓去镇压革命等等。"毛泽东指出："在这样日益走向尖锐的短兵相接的阶级斗争的形势之下，无产阶级要取得胜利，就完全要靠他的政党——共产党的斗争策略的正确和坚决。"

2. 正确的三争策略只能在实际经验中产生

毛泽东指出："共产党的正确而不动摇的斗争策略，决不是少数人坐在房子里能够产生的，它是要在群众的斗争过程中才能产生的，这就是说要在实际经验中才能产生。因此，我们需要时时了解社会情况、时时进行实际调查。"毛泽东指出："离开实际调查就要产生唯心的阶级估量和唯心的工作指导，那么它的结果不是机会主义，便是盲动主义。"他论证说："你不相信这个结论吗？事实要强迫你信。你试试离开实际调查去估量政治形势，去指导斗争工作，是不是空洞的唯心的呢？这种空洞的唯心的政治估量和工作指导，是不是要产生机会主义错误，或者盲动主义错误呢？一定要弄出错误。"“必须洗刷唯心精神，防止一切机会主义盲动主义错误出现，才能完成争取群众战胜敌人的任务。"

3. 批评两种错误思想

（1）盲目乐观的思想。毛泽东指出："那些具有一成不变的保守的形式的空洞乐观的头脑的同志们，以为现在的斗争策略已经是再好没有了，党的第六次全国代表大会的'本本'保障了永久的胜利，只要遵守既定办法就无往而不胜利。这些想法是完全错误的，完全不是共产党人从斗争中创造新局面的思想路线，完全是一种保守路线。这种保守路线如不根本丢掉，将会给革命造成很大损失，也会害了这些同志自己。"1928 年 6 月 18 日至 7 月 11 日，在共产国际的帮助下，中国共产党第六次全国代表大会在莫斯科召开。会议的主要报告有：瞿秋白作《中国革命与共产党》的政治报告，周恩来作组织问题和军事问题的报告，共产国际代表布哈林作《中国革命与中共任务》的报告。中共六大制定的路线基本是正确的，对后来中国革命的发展起了积极的作用。但这次会议也存在着缺点，即对中间阶级的作用、反动势力内部的矛盾缺乏正确的估计和政策，特别是对中国革命的长期性和农村革命根据地的重要意义认识不足，仍旧把城市工作放在全党工作的中心，这对中国革命的发展起了消极的影响。

（2）无所作为的思想。毛泽东严厉批评了红军中一部分同志饱食终日，坐在机关里打瞌睡，"红军中显然有一部分同志是安于现状，不求甚解，空洞乐观，提倡所谓'无产阶级就是这样'的错误思想，饱食终日，坐在机关里面打瞌睡，从不肯伸只脚到社会群众中去调查调查"。毛泽东向他们大声疾呼："速速改变保守思想！换取共产党人的进步的斗争思想！到斗争中去！到群众中作实际调查去！"

（三）批判两种教条主义倾向

1．"唯上"倾向

毛泽东指出："我们说，上级领导机关的指示是正确的，决不单是因为它出于上级领导机关，而是因为它的'指示内容'是适合于斗争中客观和主观情势的，是斗争需要的。不根据实际情况进行讨论和审察，一味盲目执行，这种单纯建立在上级观念上的形式主义的态度是很不对的。"

毛泽东还指出："为什么党的策略路线总是不能深入群众，就是这种形式主义在那里作怪。盲目地表面上完全无异议地执行上级的指示，这不是真正在执行上级的指示，这是反对上级指示或者对上级指示怠工的最妙方法。"

2．"唯书"倾向

毛泽东认为：马克思主义的本本是要学习的，但必须同我国实际情况相结合。我们需要本本，但是一定要纠正脱离实际的本本主义。"我们说马克思主义是对的，决不是因为马克思这个人是什么'先哲'，而是因为他的理论，在我们的实践中，在我们的斗争中，证明了是对的。我们的斗争需要马克思主义。我们欢迎这个理论，丝毫不存在什么'先哲'一类的形式的甚至神秘的念头在里面。"

毛泽东指出："马克思主义的'本本'是要学习的，但是必须同我国的实际情况相结合。我们需要本本，但是一定要纠正脱离实际情况的本本主义。"

（四）阐明调查研究的主要内容、目的及必须注意的技术和方法

1. 调查研究的主要内容

毛泽东指出："我们不仅要调查各业的情况，尤其要调查各业内部的阶级情况。我们不仅要调查各业之间的相互关系，尤其要调查各阶级之间的相互关系。"

2. 调查研究的主要目的

我们的主要目的，"是要明了社会各阶级的政治经济情况。我们调查所要得到的结论，是各阶级现在的以及历史的盛衰荣辱的情况"。"明了各阶级的相互关系，得到正确的阶级估量，然后，制定出正确的斗争策略。""我们调查工作的主要方法是解剖各种社会阶级，我们的终极目的是要明了各种阶级的相互关系，得到正确的阶级估量，然后定出我们正确的斗争策略，确定哪些阶级是革命斗争的主力，哪些阶级是我们应当争取的同盟者，哪些阶级是要打倒的。我们的目的完全在这里。"

3. 调查研究的技术和方法

（1）要开讨论会作讨论式的调查，"只有这样才能近于正确，才能抽出结论"。否则只凭一个人讲他的经验的方法是容易犯错误的。

（2）参加调查会的人要能深切明了社会经济状况的人。（3）开调查会的人数要适当，要以调查人的情况决定。（4）要定调查纲目，即要有大纲，还要有细目。（5）要亲自出马，亲身从事社会经济的实际调查。（6）要深入。（7）要自己做记录。

三、《反对本本主义》的理论意义、历史意义和实践价值

（一）《反对本本主义》的理论意义

一是《反对本本主义》奠定了党的马克思主义思想路线的基石。《反对本本主义》既肯定了马克思主义理论的指导作用，又强调必须坚持一切从实际出发。这就是马克思主义理论与中国的具体情况相结合的思想路线，它奠定了党的马克思主义思想路线的基石。二是《反对本本主义》成为反对主观主义的锐利武器。主观主义包括教条主义和经验主义两种表现形式。《反对本本主义》既反对把个人的局部经验绝对化而否定马克思主义理论的指导作用的经验主义，又反对不懂得中国国情和中国革命特点，只知背诵和照搬马克思主义条条的教条主义。三是《反对本本主义》是毛泽东思想形成的标志性著作之一。毛泽东思想萌芽的标志是《中国社会各阶级的分析》《湖南农民运动考察报告》。毛泽东思想形成的标志是《中国的红色政权为什么能够存在》《星星之火，可以燎原》《反对本本主义》《中国革命战争的战略问题》《战争与战略问题》，这些在我们的教材中均有论述。

（二）《反对本本主义》的历史意义

《反对本本主义》在中国共产党的历史上，第一次明确地把党的思想路线表述为"共产党人要坚持从斗争中创造新局面的思想路线"，

这是对党的实事求是思想路线的初步概括和表述。根据这一思想路线，毛泽东提出正确认识和处理马克思主义普遍原理与中国革命具体实际之间关系的方法是："马克思主义的'本本'是要学习的，但是必须同我国的实际情况相结合。我们需要'本本'，但是一定要纠正脱离实际情况的本本主义。"由此可见，《反对本本主义》所倡导的这条思想路线的特点是："不唯上""不唯书"，一切从实际出发，理论联系实际，把马克思主义普遍原理同中国革命具体实际相结合，独立自主地解决中国革命的实际问题。党的思想路线的初步提出，是我们党迈向成熟的马克思主义政党的极为重要的一步，是毛泽东思想开始形成的重要标志之一，也是我们党的马克思主义思想觉悟大为提高的表现。没有这种觉悟的提高，就不可能在马克思主义的指导下提出中国革命的新的科学结论，就不可能产生农村包围城市、武装夺取全国胜利的中国革命道路理论，因而最终也不可能有中国革命的胜利。正是从这个意义上说，《反对本本主义》是中国革命思想史上的一篇重要的著作，具有不可替代的历史意义。

《反对本本主义》不仅提出了共产党人要坚持从斗争创造新局面的思想路线，而且阐明了贯彻落实这一思想路线的方法和途径是调查研究。在这篇文章中，毛泽东鲜明地提出了"没有调查，就没有发言权"这样一个著名的口号，并从认识论的高度作出了深刻的分析和说明，指明了调查研究就是认识问题和解决问题的过程。他言简意赅地表述了这样一个马克思主义关于调查研究的重要思想，即"一切结论产生于调查情况的末尾，而不是在它的先头"；"调查就像'十月怀胎'，解决问题就像'一朝分娩'。调查就是解决问题"。

在中国革命斗争实际中，调查研究不仅具有方法论的意义，而且体现了群众路线的基本思想。人民群众既是实践的主体，又是认识的主体。因此调查研究的过程，一方面是从群众中来，向群众寻求真理的过程；另一方面又是到群众中去，宣传、贯彻党的路线、方针、政策的过程。《反对本本主义》正是从调查研究与群众路线的有机统一出发，科学地阐明了其在党的思想路线形成过程中的重大意义，其中反映的实事求是、群众路线和独立自主的思想，为以后的党的工作奠定了重要基础。

（三）《反对本本主义》的现实意义

一是必须坚持实践第一的观点，做到实事求是、理论联系实际。实现理论与实际的结合，关键在于深刻认识和掌握马克思主义精神实质，深刻认识中国国情，运用马克思主义基本原理和立场观点方法，观察分析问题，从中找出适合中国情况的路线方针政策道路。

二是贯彻党的路线方针政策必须从实际出发。在贯彻执行上级指示时，一定要从实际出发，把上级指示和实际情况结合起来，尤其是要同本地区、本单位、本部门的实际情况结合起来。

三是它为领导者转变并养成优良的思想作风指明了方向。马克思主义者认识世界和克服主观主义的根本途径和有效方法在于向社会作调查。学习《反对本本主义》，对于领导干部克服思想上的主观主义和工作中的官僚主义，养成密切联系群众、深入实际调查研究的领导作风，努力做好工作，具有重要的指导意义。

毛泽东的这篇文章是为了反对当时红军中的教条主义思想而写的。那时没有用"教条主义"这个名称，而叫它作"本本主义"。你对于某个问题没有调查，就停止你对于某个问题的发言权。这不太野蛮了吗？一点也不野蛮。你对那个问题的现实情况和历史情况既然没有调查，不知底里，对于那个问题的发言便一定是瞎说一顿。瞎说一顿之不能解决问题是大家明了的，那么，停止你的发言权有什么不公道呢？许多的同志都成天地闭着眼睛在那里瞎说，这是共产党员的耻辱，岂有共产党员而可以闭着眼睛瞎说一顿的吗？这篇著作提出和阐明的重要思想原则，是辩证唯物主义认识论在实际工作中的具体运用和生动概括，是作者应用马克思主义从事社会调查，同主观主义特别是教条主义作斗争的历史经验的科学总结。它反映了毛泽东思想的三个基本点，即实事求是、群众路线和独立自主的思想雏形，标志毛泽东哲学思想的初步形成。

《改造我们的学习》课堂展示汇报 [①]

第十三小组

组长：周琦

组员：闫丽妃、熊思雨、彭危练、宋衍、刘杭璐、雷莉莉

一、《改造我们的学习》全文概括

（一）《改造我们的学习》文章的写作背景

此篇文章写于 1941 年 5 月 19 日，是毛泽东在延安干部会上所作

---

① 本案例引文皆出自《毛泽东选集》第三卷，北京：人民出版社 1991 年版。

的报告，旨在对党的学习方法和学习态度进行改造，是中国共产党在延安整风运动中的重要文献之一。"延安整风"是中国共产党历史上第一次大规模的整风运动。1941 年 5 月，毛泽东同志在延安干部会上作《改造我们的学习》报告，标志着整风开始。这篇文章的创作背景是中国共产党发生过几次错误，造成了损失，原因是不符合实际的国情，需要认识到错误，进行改正，反对主观主义，联系实际情况发展。

（二）《改造我们的学习》文章概括

《改造我们的学习》主要是针对党内在学风中存在的问题，在文中毛泽东同志号召全党坚持理论联系实际，反对主观主义。我们绘制了思维导图，如下。

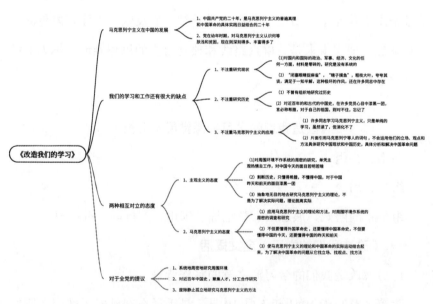

图 1:《改造我们的学习》思维导图

二、《改造我们的学习》的原文导读

（一）主张

原文："我主张将我们全党的学习方法和学习制度改造一下。"

理解：开门见山地提出了全文的中心论点。

（二）理由

1. 正面论证了改造我们学习的重要性

原文："如果我们回想一下，我党在幼年时期，我们对于马克思列宁主义的认识和对中国革命的认识是何等肤浅，何等贫乏，则现在我们对于这些的认识是深刻得多，丰富得多了。"

理解：回顾党成立 20 年来在理论与实践中取得的进步，总述中国共产党从"幼年"到"现在"的认识发展从"肤浅、贫乏"变成"深刻、丰富"，这两组词语的运用表明了认识的深度和广度，正面论证了改造我们学习的重要性。

2. 反面论证改造我们学习的重要性

（1）原文："首先来说研究现状……闭塞眼睛捉麻雀、瞎子摸鱼、粗枝大叶、夸夸其谈、满足于一知半解，这种极坏的作风，这种完全违反马克思列宁主义基本精神的作风，还在我党许多同志中继续存在着。"

理解：使用了一系列的谬语、成语来说明坏作风的存在，以生动的语言描绘这种主观主义作风的表现形式，全面系统的概括了这种学风与马克思主义相悖的真理。

（2）原文："其次来说研究历史……，许多马克思列宁主义的学者也是言必称希腊，对于自己的祖宗，则对不住，忘记了。认真研究现状的空气是不浓厚的，认真研究历史的空气也是不浓厚的。"

理解：批评许多马列主义学者妄自菲薄的缺点，缺乏自身的文化自信，没有做到以我为主，为我所用的研究方法，因为对于外来文化的过于信赖而陷入民族虚无主义和历史虚无主义。

（3）原文："其次说到学习国际的革命经验，他们违背了马克思、恩格斯、列宁、斯大林所谆谆告诫人们的一条基本原则：理论和实际统一，这样一来，就在许多学生中造成了一种反常的心理，对中国问题反而无兴趣，对党的指示反而不重视，他们一心向往的，就是从先生那里学来的据说万古不变的教条。"

理解：纸上得来终觉浅，绝知此事要躬行，理论与实践相结合的方法在党的一切工作中都有着举足轻重的地位，而许多人却本末倒置，与许多伟人的教诲背道而驰，拘泥于教条而忽视了实践，"所谓万古不变的教条"极具讽刺意味，表明了这种主观主义学风的危害之烈，深刻地揭露了教条主义者受害之深。世界瞬息万变，故步自封只会自掘坟墓。

3.对照论证改造我们学习的重要性

为了反复说明这个意思，我想将两种互相对立的态度对照的讲一下。

（1）主观主义态度

原文："墙上芦苇，头重脚轻根底浅，山间竹笋，嘴尖皮厚腹中空。""无实事求是之意，有哗众取宠之心。"

理解：作者用此来形容那些单凭主观热情去工作，抽象的无目的的去研究马克思列宁主义的理论的人，他们不是为了要解决中国革命的理论问题和策略问题，而是为了单纯的学理论而去学理论。深入的指出主观主义作风害己害人害革命的严重后果。

（2）马克思列宁主义的态度

原文："在这种态度下，就是应用马克思列宁主义的理论和方法，对周围环境作系统的周密的调查和研究。不是单凭热情去工作，而是如同斯大林所说的那样：把革命气概和实际精神结合起来。"

理解：这一段热情洋溢的赞扬了马列主义的学风，指出中国共产党人应该以有的放矢、实事求是的态度，从实际出发解决革命问题，与主观主义的华而不实形成鲜明对比，指出这种态度就是党性的表现，是一个共产党员起码应该具备的态度。

（三）提议

原文："就要引导同志们的眼光向着这种实际事物的调查和研究；就要使同志们懂得，共产党领导机关的基本任务，就在于了解情况和掌握政策两件大事；就要使同志们懂得，没有调查就没有发言权。"

理解：没有调查就没有发言权再次强调了实践的重要性，深刻批判了理论与实践相分离的主观主义学风，号召全党必须改造学习方法和学习制度，以便更好地完成认识世界和改造世界的任务。"我们走过了许多弯路，但是错误常常是正确的先导，在如此生动丰富的中国革命环境和世界革命环境中，我们在学习问题上的这一改造，我相信一定会有好的结果。"——悟已往之不谏，知来者之可追。

三、《改造我们的学习》的学习感悟

（一）关注现实问题

原文："像我党这样一个大政党，虽对于国内和国际的现状的研究有了某些成绩，但是对于国内和国际的各方面，对于国内和国际的政治、军事、经济、文化的任何一方面，我们所收集的材料还是零碎的，我们的研究工作还是没有系统的。"

感悟：面对现实问题，中国革命的现状，缺乏调查研究客观实际状况的浓厚空气。"闭塞眼睛捉麻雀"，"瞎子摸鱼"，粗枝大叶，夸夸其谈，满足于一知半解，这种极坏的作风，一直存在着，这就迫切需要改造我们的学习。

由此来看个体之学习，尤其在今天资讯获取便捷情形下，我们的学习往往容易陷入只读书，以为读书就能了解现实，就能解决现实问题，流于空谈，缺乏现实问题意识，也就是缺乏调查研究的精神，长此以往，个人的学习是不能得到东西的，甚至或阻碍个人的成长。因此，在学习中要有意识地去关注现实问题，思考现实问题，寻求解决之法，也就是要研究现状，通过现状的研究来改造我们的学习。

（二）研究中国历史

原文："虽则有少数党员和少数党的同情者曾经进行了这一工作，但是不曾有组织地进行过。不论是近百年的和古代的中国史，在许多党员的心目中还是漆黑一团。许多马克思列宁主义的学者也是言必称希腊，对于自己的祖宗，则对不住，忘记了。认真地研究现状的空气是不浓厚的，认真地研究历史的空气也是不浓厚的。"

感悟：这在今天我们的学习中也是严重存在的，我们的学院派学术研究，以研究西方为高大上，为有志气；在社会，不但不研究学习我们自己的历史，反而出现诋毁、扭曲、歪曲、丑化我们的民族历史的历史虚无主义。本来作为人，学习自己民族的历史这是常识，可今天这个常识却成了问题，一个三岁娃娃都懂的道理，我们长大了，忘记了。

这正是要一个人灭亡先去其历史啊！我们的学习也一样，学习不能忘记对历史经验的系统研究和总结，只有这样才知道当初为何学习？学习为了什么？不然容易迷路，误入歧途。

（三）理论联系实际

原文：学习只是"为了单纯的学习。所以虽然读了，但是消化不了"。

感悟：马克思列宁主义、毛泽东思想是我们党的指导思想。毛泽东"改造学习"思想中突出强调以马克思列宁主义基本原理为指导的学习方针。我们党今天已经作为执政党领导全国人民进行现代化建设。实践中必然会遇到许许多多的问题。那么解决这些问题最重要的理论武器就是马克思列宁主义。总的说起来，现在的不足就是：对外国知道得多，对中国知道的少；对理论知道得多，对实践知道的少。纸上谈兵还算勉强，躬身实践则相当不行。所以，我们应学会将理论与实践相联系，这样才能更好地解决问题，弥补不足。

（四）学习马克思列宁主义（实事求是）的态度

1. 主观主义的态度

原文："用一副对子形容就是：墙上芦苇，头重脚轻根底浅；山间竹笋，嘴尖皮厚腹中空。"

感悟：在学习中持有这种态度的人主要表现有以下现象：他们也不注意客观情况的研究，往往单凭热情，把感想当政策。凭主观，忽视客观实际事物的存在。

这种学习态度的危害不小：拿了律己，则害了自己；拿了教人，则害了别人；拿了指导革命，则害了革命；拿了指导学习，则害了真理。

2. 马克思列宁主义的态度

这种态度从事学习就会产生如下现象：

（1）就是应用马克思列宁主义的理论和方法，对周围环境作系统的周密的调查和研究。

（2）这种态度，就是实事求是的态度。"实事"就是客观存在着的一切事物，"是"就是客观事物的内部联系，即规律性，"求"就是我们去研究。因此，学习中必须打倒主观主义，坚持实事求是的态度，才能既不是"头重脚轻根底浅"，也不是"嘴尖皮厚腹中空"了。

四、《改造我们的学习》的个人体会

《改造我们的学习》是毛泽东同志在干部会上做的一篇重要报告，我在阅读完这篇文章后的感受颇深。毛泽东身为党员，首先肯定了我们党在抗日战争以来在思想与实践上的进步，但同时指出了党在学习上存在的缺点，及时反省自身、发现党内学习存在的问题并大胆指出来：不注重研究现状、不注重研究历史、不注重马克思列宁主义的应用。同时根据国内革命形势和国外经验分析这些问题存在的根源，最终提出改造党内学习的方法建议，主张学习马克思列宁主义态度。

毛泽东先生看待问题的视角是全面的、符合实际的，指出问题的方式是先扬后抑的、易被接受的，同时他在文章中灵活运用对照手法，将"主观主义"与"马克思列宁主义"两种态度进行对照指出问题并说明了我们学习马克思列宁主义态度的必要性；最后有针对性地给出提议，可以看出毛泽东先生对中国当时的实际状况的研究十分透彻，对马克思列宁主义的学习十分深入。

"以史为镜，可以正衣冠。"通过阅读经典文章，我更加明白自己需要学习的地方有很多，学习毛泽东先生看待事情、处理事情的方法与态度；积极反省党自身存在的问题；擅于将历史经验与发展现状相结合并运用到现实问题的解决中等等。作为新时代青年，我们生活在科技发达的时代，获取信息的渠道更是数不胜数，但是我没有做到精确提取信息并将其与实践相结合，只是了解了空洞的理论知识。在以后的学习生活中，我会努力改造自己、积极学习马克思列宁主义态度，坚持理论与实践的统一。

——周绮

《改造我们的学习》篇幅不长却具有重大意义，它推动了延安整风运动的普遍开展，推进了党的学习与持续改进，更为新时代全面加强党的建设提供了历史参考，这都是它对于党，对于国家的意义。同时它对于青年的意义也一样重大，我们去读它，去理解它，去研究它，在这个过程中学习到的思想与理论都有助于我们实现"自我革命"。

就拿我个人来说我从中学习到了三点思想理论，第一点是摒弃主观主义，以马克思列宁主义为指导思想。作为当代青年我们应该要树立明确的马克思列宁主义的辩证唯物主义观点，尊重客观规律，按照客观规律办事，避免用主观主义的错误阻碍我们的发展，要正确认识马克思列宁主义的科学地位，树立正确的马克思列宁主义观点；第二点是注重研究历史，坚持实事求是的优良学风。中华民族是拥有悠久的历史文化的一个民族，这是属于我们自己的财富，所以我们要去研究历史，去利用这一财富，在我们的理论学习或者实践操作过程中，以历史为研究前提，通过研读历史知识，掌握历史与当代的共性与不同，吸取历史经验的同时，不断革故鼎新，做出继承优良又不乏时代创新性的行动。另一方面，我们作为当代青年毫无疑问离不开实事求是，正如我们党在治党治国中离不开实事求是，我们必须以实事求是为前提来解决我们的学习和生活问题；第三点是注重研究现状，坚持理论联系实际的方法。作为当代青年我们必须要学会将理论与实践相结合，意识到实践的重要性，主动地在学习过程联系实际生活，要做到跳出单一的理论知识学习，多参与社会实践活动，在实践活动中检验自己对所学知识的运用，并联系实际进行自己的思考，进而做出创造性的发展。我坚信，在往后的学习工作中这三点会对我产生重大的积极影响，我想这就是通过《改造我们的学习》改造自己，这就是

"自我革命"。

学以致用是我们学习的根本目的，期望我能透过学习毛泽东同志的《改造我们的学习》，改善自我的学习方法和工作作风，提高解决实际问题的潜力，并将其用于自我的学习工作中，为祖国的发展做出一份贡献。

——熊思雨

毛泽东同志说，本着实事求是的态度，"我们要从国内外、省内外、县内外、区内外的实际状况出发，从其中引出其固有的而不是臆造的规律性，即找出周围事变的内部联系，作为我们行动的向导。而要这样做，就须不凭主观想象，不凭一时的热情，不凭死的书本，而凭客观存在的事实，详细地占有材料，在马克思列宁主义一般原理的指导下，从这些材料中引出正确的结论。"透过学习毛泽东同志《改造我们的学习》一文，我领会到了争做一名真正见多识广的党员所急需掌握的不少真知灼见：学习的起点与归宿都在于客观实际，务必反对学习中的主观主义态度，务必掌握科学的学习方法。在以后的学习中，我要不断完善学习态度与方法，热爱学习，善于学习，为做一名合格的当代青年而用心努力。

——彭危练

《改造我们的学习》具有理论的高度和现实批判的锋芒，这是一篇具有伟大历史意义的经典文献，而在今天，毛主席的很多话我们都可以很容易从嘴里冒出来，比如"没有调查权就没有发言权"就是来自《改造我们的学习》，没有调查权就没有发言权对于我们现在来说还是非常有指导价值的，而且今天这样的调查，在一个网络时代可能要比过去来得容易得多，我们如何理论联系实际，如何实事求是，如何更好地用好自己的发言权和指挥权，我们如何真正的用马克思主义来武装自己的头脑，提高自己认识世界、改造世界的能力。路漫漫其修远兮，吾将上下而求索。

——刘杭璐

《改造我们的学习》是毛泽东在延安干部会议上所作的报告，是毛泽东关于整风运动的基本著作之一。在老师的课堂讲解，我的课下研读以及小组的讨论下，我对它有了更深刻的理解，其中它的"研究中国历史"的观念让我对自己有了进一步的反思。之前，我总觉得要多学习外国先进的文化，却忽略了自己对中国历史的了解都只是皮毛，一个人连本国的历史都没有足够的掌握，又怎么能学好其他文化呢。从而我联系到了自己的学习，我太过于追求结果，忘记了对历史经验的系统研究和总结，但是很庆幸，通过学习《改造我们的学习》，我认识到了自己的问题，也会在今后的生活中，去改正我的错误。

——雷莉莉

毛泽东同志说，本着实事求是的态度，"我们要从国内外、省内外、县内外、区内外的实际状况出发，从其中引出其固有的而不是臆造的规律性，即找出周围事变的内部联系，作为我们行动的向导。而要这样做，就须不凭主观想象，不凭一时的热情，不凭死的书本，而凭客观存在的事实，详细地占有材料，在马克思列宁主义一般原理的指导下，从这些材料中引出正确的结论。"透过学习毛泽东同志《改造我们的学习》一文，我领会到了争做一名真正见多识广的党员所急需掌握的不少真知灼见：学习的起点与归宿都在于客观实际，务必反对学习中的主观主义态度，务必掌握科学的学习方法。在以后的学习中，我要不断完善学习态度与方法，热爱学习，善于学习，为做一名合格的当代青年而用心努力。

——闫丽妃

毛主席在《改造我们的学习》报告中提到了，当时社会出现在学习上的三大问题：1.对于现状的研究缺乏客观实际状况的浓厚空气；2.认真研究历史的空气不够浓厚、不够全面；3.学习国际经验不能跟实际情况相结合。无论是当时社会，抑或是现在21新世纪，我们的身上都还保存着一部分学习问题。比如：我们只追求学习的时间，而不问学习的效果；我们只追求表象，而不深究根源；我们只追求借鉴的原则，而不寻求融合和兼容。毛主席在报告中一再强调，一定要对具体情况进行充分的调查研究，不能只求一般情况而不深入了解，不能"想当然"，不能犯主观主义的错误。同时，不能忘本，不能不懂历史，特别是近百年来的经济史、政治史、军事史、文化史，不能只记希腊和外国的故事。我们学的是马克思主义，所以要始终坚持马克思主义的态度：理论和实践的统一。不管你是谁，都要坚持这个原则。

同样，孔子有句话：学而时习之，不亦说乎。意味着人们要不断学习，并把所学的知识运用到实践中去，运用到日常工作中去。学无止境，学无止境，保持浓厚的学习兴趣，在学习过程中找到精神信仰，确定奋斗方向，然后不断充实和完善自己，那么其中的乐趣将是无穷的。还需要注意学习的方式和方法，即好学、乐学、善学。"知之者不如好之者，好之者不如乐之者。""易学"是学习的源泉。"乐学"就是让我们发自内心地发现学习的乐趣，享受学习带给我们的快乐。而"好的学习"就是找到适合自己的学习方法，并在学习的过程中不断生成自己的新知识，即温故而知新。最后，把学到的知识运用到实际生活中，通过学习不断解决遇到的问题。破除懈怠、功利、浮躁，提高质量和效益。

——宋衍

第三节　坚持"理"与"情"相统一

"毛泽东思想和中国特色社会主义理论体系概论"课程教学要达到让大学生想读、爱读、会读马克思主义中国化经典原著原文的目的，还需要教师在导读过程中做到情理相通，引导青年大学生将"达理"与"通情"统一起来，从本质上看，两者之间也很难割裂，通情是达理的前提，达理是通情的结果，只有将"达理"与"通情"有机统一起来，才能引起青年的大学生思想与情感的共鸣。

一、"达理"：思政课的本质是讲道理

"思政课本质是讲道理"，作为落实立德树人根本任务的关键课程的思政课，讲的是什么道理呢？道理即事物的规律，"把道理讲深、

讲透、讲活"。具体到"毛泽东思想和中国特色社会主义概论"课程中，这个道理就是讲清马克思主义中国化时代化的理，讲清中国共产党为什么能、中国特色社会主义为什么好、马克思主义为什么行的理。

（一）讲清"中国共产党为什么能"的理

首先，讲清中国共产党的理想信念。恩格斯曾说："一个知道自己的目的，也知道怎样达到这个目的的政党，一个真正想达到这个目的并且具有达到这个目的所必不可缺的顽强精神的政党——这样的政党将是不可战胜的。"坚持真理、坚守理想，践行初心、担当使命，不怕牺牲、英勇斗争，对党忠诚、不负人民的伟大建党精神贯穿于中国共产党百年历史发展之中，贯穿于一个多世纪的伟大斗争和伟大实践中，是中国共产党的精神之源，并以此为起点，在百年的奋斗中构建起中国共产党人的精神谱系，成为"精神最富有的政党"，在此激励下，始终滋养初心使命、赓续奋进。讲清中国共产党在不同历史时期、完成不同时代任务中形成的既体现精神之源本质、又具有鲜活内容和典型意义的精神谱系，集中体现了党的理想信念、根本宗旨、力量之源，使得我们党在面对任何艰难困苦时都不会精神空虚，都有理想信念的支撑，汇聚起激励我们奋勇前进的强大精神动力。这样一个具有强大精神力量的政党是无往不胜的。其次，讲清中国共产党的性质宗旨。马克思、恩格斯在《共产党宣言》中指出："过去的一切运动都是少数人的或者为少数人谋利益的运动。无产阶级的运动是大多数人的、为绝大多数人谋利益的独立的运动。"毛泽东指出："人民，只有人民，才是创造世界历史的动力。"① 在人民面前，我们共产党人永远是小学生。毛泽东曾比喻到："我们共产党人好比种子，人民好比土地。我们到了一个地方，就要同那里的人民结合起来，在人民中间生根、开花。"21 世纪，胡锦涛同志曾指出："心中装着人民群众，始终同人民群众同呼吸、共命运、心连心，才能保持我们党同人民群众的血肉联系，才能增强抵御腐朽思想侵蚀的能力，才能不断与时俱进、开拓创新。如果丢掉了艰苦奋斗的作风，贪图享乐，不愿意再做艰苦的工作，对群众的疾苦漠然置之，对群众的呼声充耳不闻，就必然会脱离群众。"② 中国特色社会主义进入新时代，习近平总书记强调："中国共产党始终代表最广大人民根本利益，与人民休戚与共、生死相依，没有任何自己特殊的利益，从来不代表任何利益集团、任何权势团体、任何特权阶层的利益。"③ 这些论述阐明了中国共产党作为无产阶级政党，为人民而生、因人民而兴，除了忠实地代表工人阶级和人民群众的根本利益以外，没有其他任何特殊利益，党的性质决定党的宗旨，中国共产党根本立场和唯一宗旨就是全心全意为人民服务。一百多年来，党团结带领中国人民进行新民主主义革命、社会主义革命和建设、改革开放和推进中国特色社会主义现代化的伟大事业中，始终恪守人民立场，践行以人民为中心的根本宗旨，始终把人民放在心中最高的位置，始终尊重人民的首创精神，不断满足人民对美好生

① 《毛泽东选集》第三卷，北京：人民出版社 1991 年版，第 1031 页。
② 《胡锦涛文选》第二卷，北京：人民出版社 2016 年版，第 9 页。
③ 《马克思恩格斯全集》第三十九卷，北京：人民出版社 2007 年版，第 139 页。

活的向往。可以说，党的一切牺牲、一切奋斗、一切创造都是为了人民。纵观古今中外，而那些代表特色利益集团、权势团体、特权阶层的政党，都因没有得到人民拥护而走向失败，都被淹没在历史洪流之中。再次，讲清中国共产党的鲜明品格。"勇于自我革命是中国共产党区别于其他政党的显著标志"①，也是中国共产党最大的优势所在，我们党坚持以马克思主义为认识世界、改造世界的思想武器，批判的革命性是其内生特质，强调"只有在革命中才能抛掉自己身上的一切陈旧的肮脏东西"②，无产阶级政党根据不断变化的形势实现自我扬弃。"党的伟大不在于不犯错误，而在于从不讳疾忌医，积极开展批评和自我批评，敢于直面问题，勇于自我革命。先进的马克思主义政党不是天生的，而是在不断自我革命中淬炼而成的。"敢于自我纠偏、敢于刀刃向内，保证党在重大关头总能朝着正确方向前进。如新民主主义革命时期，形成了"批评与自我批评"的优良作风，形成了民主集中制度，延续至今。在改革开放和现代化建设新时期，"改革是中国的第二次革命"③，"这不是对人的革命，而是对体制的革命"④；中国特色社会主义进入新时代，习近平总书记多次强调"八项规定""政治纪律""政治规矩""四个意识""四个自我""两个伟大革命""伟大社会革命""三严三实""党的革命性锻造"，这些举措正是百年大党依然风华正茂的密码所在。纵观世界政党政治发展史，功成名就时

---

① 《习近平谈治国理政》第四卷，北京：外文出版社 2022 年版，第 13 页。
② 《马克思恩格斯选集》第一卷，北京：人民出版社 2012 年版，第 171 页。
③ 《邓小平文选》第二卷，北京：人民出版社 1994 年第 2 版，第 113 页。
④ 《邓小平文选》第二卷，北京：人民出版社 1994 年第 2 版，第 397 页。

做到居安思危、保持创业初期那种励精图治的精神状态不容易，执掌政权后做到节俭内敛、敬终如始不容易，承平时期严以治吏、防腐戒奢不容易，重大变革关头顺乎潮流、顺应民心不容易。党依然保持创业初期的励精图治、实现承平时期的防腐戒奢，并在重大变革关头、应对复杂风险挑战的历史进程中，能够顺乎潮流、顺应民心，为伟大自我革命引领伟大社会革命写下生动注脚。

历史不会辜负一个无私无畏勇于进行自我革命的伟大政党，一百多年来，党在革命性锻造中更加坚强，通过全面从严治党的刀刃向内，把握历史发展规律、抓住历史变革时机，掌握历史主动的政党，才能在守正创新中永葆生机活力。

（二）讲清"中国特色社会主义为什么好"的理

中国特色社会主义的最鲜明的特色是理论创新和实践创新、制度自信和文化自信的紧密结合，在推动发展上拥有强大的政治优势、理论优势、制度优势、文化优势，思政课需要讲好四大优势。

第一，政治优势。道路问题至关重要，道路决定命运。走自己的路，是党的全部理论和实践立足点。在新民主主义革命时期，党带领人民开辟了"农村包围城市、武装夺取政权"革命道路；在社会主义革命和建设时期，党带领人民开辟了一条独具特色的改造之路。在改革开放新时期，党带领人民开辟了中国特色社会主义道路，这是一条创造人民美好生活、实现中华民族伟大复兴的康庄大道。

第二，理论优势。中国共产党始终致力于将马克思主义理论与中国具体实际相结合，坚持马克思主义和发展马克思主义统一起来，一方面，始终坚持马克思主义基本原理；另一方面，根据时代的发展，根据中国革命、建设、改革具体实际，结合中华优秀传统文化，不断推进马克思主义中国化时代化，创立了毛泽东思想、邓小平理论，形成了"三个代表"重要思想、科学发展观，创立了习近平新时代中国特色社会主义思想。

第三，制度优势。中国之所以能够创造了经济快速发展、社会长期稳定的"两大奇迹"，密码在于中国特色社会主义制度释放强大势能。改革开放40多年中，我国经济年均增速超过9%，远高于世界同期不到3%的水平。近几年，我国对世界经济贡献率更是接近30%，毫无疑问，我国已成为世界经济增长的第一引擎。与此同时，我国社会大局保持长期稳定，我们战胜了来自国内外各种重大风险挑战，面对世纪疫情的严重冲击、社会环境剧烈变迁，外部环境显著变化，中国社会却表现出了超凡的稳定性和抗压性，依然实现党的第一个百年奋斗目标，在中华大地上全面建成了小康社会，当前，全国各族人民正奋力迈进全面建设社会主义现代化的新征程。

第四，文化优势。中国特色社会主义是全面发展、全面进步的伟大事业，没有社会主义文化发展，就不会有社会主义现代化。如果从这个宏阔的视野去观察、去审视，就会对中国特色社会主义进入新时代的历史必然性和科学合理性，有更加清晰、全面、深刻的认识。这一重大判断，是从中华文明5000多年的历史赓续中、从中华民族伟大复兴一个多世纪的奋斗进程中、从近代以来中国与世界180多年的关系互动中、从社会主义与资本主义两种制度 100 多年的力量消长中洞见的历史大势、得出的科学结论。这是续写事业新篇章的时代。一代人有一代人的历史际遇，一代人有一代人的时代责任。社会主义是一项长长久久的事业，需要几代人、十几代人、几十代人持续奋斗。在中国特色社会主义奠基、创造和积累的过程中，前人披荆斩棘、闯关夺隘、革故鼎新，沿着社会主义方向，一步步在没有路的地方蹚出了一条自己的路，创造了属于共产党人自己的不朽功勋。

（三）讲清"马克思主义为什么行"的理

一个民族要走在时代前列，就一刻不能没有理论思维，一刻不能没有正确思想指引。习近平总书记在庆祝中国共产党成立 100 周年大会上指出："马克思主义是我们立党立国的根本指导思想，是我们党的灵魂和旗帜。中国共产党坚持马克思主义基本原理，坚持实事求是，从中国实际出发，洞察时代大势，把握历史主动，进行艰辛探索，不断推进马克思主义中国化时代化，指导中国人民不断推进伟大社会革命。中国共产党为什么能，中国特色社会主义为什么好，归根到底是因为马克思主义行！"[①] 这段论述深刻揭示了三个为什么间的内在逻辑。2022 年 10 月，习近平总书记在党的二十大报告中进一步指出："中国共产党为什么能，中国特色社会主义为什么好，归根到底是马克思主义行，是中国化时代化的马克思主义行。"[②]

①　习近平：《在庆祝中国共产党成立 100 周年大会上的讲话》，《人民日报》，2021 年 7 月 2 日，第 2 版。
②　《党的二十大报告学习辅导百问》，北京：学习出版社 2022 年版，第 12 页。

中国共产党之所以能，归根到底是因为马克思主义为我们党提供了思想指导和信仰之基。中国特色社会主义之所以好，归根到底是因为中国特色社会主义始终以马克思主义、以马克思主义中国化时代化的理论成果为指导，始终遵循了科学社会主义基本原则，并与中国具体实际和中华优秀传统文化相结合。故而，马克思主义之所以行，是因为马克思主义中国化时代化的行，在于马克思主义中国化时代化的理论成果具有优秀理论品质和重要社会功能。

第一，马克思主义具有优秀理论品质。讲清马克思主义的真理性及马克思主义中国化时代化的理论成果的真理性。不了解马克思主义基本原理，就难以了解中国化时代化马克思主义的理论贡献；不了解中国化时代化马克思主义，就难以了解马克思主义的现实指导意义。马克思主义的两个的伟大发现：一是实践观点。它为马克思主义哲学提供了生长点和立足点，揭示社会生活的实践本质，阐明人的社会性本质。在实践观的基础上把唯物论第一次贯彻到历史领域，创立了历史唯物主义，科学揭示了人类社会的发展规律。二是剩余价值理论的创立。揭示了资本主义生产的实质是剩余价值的生产，剩余价值规律制约着资本主义生产方式的产生、发展和灭亡的全部过程，揭示了人类社会发展的一般规律。马克思主义作为救国救民的思想武器进入中国先进分子的视野之中，它成为"解放我们民族的最好的武器"①，但找到了马克思主义并不意味着就能够自动解决中国社会的革命之问，还需要和中国具体实际相结合、同中华民族优秀文化相结合。

----

① 《毛泽东选集》第三卷，北京：人民出版社1991年版，第796页。

第二，马克思主义具有重要社会功能。讲清马克思主义的价值性。马克思主义之所以行，我们可以从我国经济社会的高速发展和国际影响力的不断提高上得到了证明，特别是从中国人民实际生活水平的提高中得到了证明和认同。百年前中华民族遭受前所未有的苦难，英雄的中国人民苦苦寻路，各种救国方案纷纷破产，中国迫切需要新的思想引领救亡运动。十月革命一声炮响，给中国送来了马克思列宁主义。在马克思主义的指引下，中国共产党领导中国革命、建设、改革不断从胜利走向胜利，中华民族迎来了从站起来、富起来到强起来的伟大飞跃，实现中华民族伟大复兴进入了不可逆转的历史进程。

二、"通情"：让道理走进学生的内心

通情的目的在于打通"理论讲授"与"信仰塑造"的任督二脉，通过引导大学生体会、感悟马克思主义经典著作、马克思主义中国化经典原著中展现出的精神状态、强烈情感以及原著中蕴含的根本立场和价值选择，使学生把握理论背后的思想，思想之中的战略，以及战略之中蕴含的智慧，从而得到思想的启迪、战略的启蒙和智慧的启示。

（一）讲好立场：马克思主义是一门关于人的解放的学说

从人的角度理解马克思主义，从人民性角度把握马克思主义，就抓住了马克思主义的核心和精髓。说到底，马克思主义是一门关于人类解放的学说，马克思主义旨在实现人的解放与自由的价值目标，高

扬了人的主体性、注重人的因素，始终关注社会中最广大的人民群众、关注着劳苦大众，具有开创性的意义，鲜明展现了马克思主义的价值立场。如马克思和恩格斯在《神圣家族》中写道："历史上的活动和思想都是'群众'的思想和活动。"① 始终把人的解放程度作为社会进步的根本标尺。在马恩所构想的未来社会里，"代替那些存在着阶级和阶级对立的资产阶级旧社会的，将是这样一个联合体，在那里，每个人的自由发展是一切人自由发展的条件"②，"要不是每一个人都得到解放，社会本身也不能得到解放"。人民群众是社会物质和精神财富的创造者，是社会变革的决定力量。马克思主义经典作家始终具有关心关怀人民大众疾苦的情怀。当恩格斯面对英国工人阶级生活状况时，他真切表达到："我愿意在你们的住宅中看到你们，观察你们的日常生活，同你们谈谈你们的状况和你们的疾苦，亲眼看看你们为反抗你们的压迫者的社会的和政治的统治而进行的斗争。"③ 恩格斯还说："对于那些希望真正理解它的人来说，最重要的却正好是原著本身。"毛泽东同志在《论联合政府》中郑重宣告："我们共产党人区别于其他任何政党的又一个显著的标志，就是和最广大的人民群众取得最密切的联系。全心全意地为人民服务，一刻也不脱离群众；一切从人民的利益出发，而不是从个人或小集团的利益出发；向人民负责和向党的领导机关负责的一致性；这些就是我们的出发点。"④ 他们

---

① 《马克思恩格斯全集》第二卷，北京：人民出版社 1957 年版，第 103 页。

② 《马克思恩格斯全集》第四卷，北京：人民出版社 1958 年版，第 491 页。

③ 《马克思恩格斯全集》第二十三卷，北京：人民出版社 2006 年版，第 278 页。

④ 《毛泽东选集》第三卷，北京：人民出版社 1991 年版，第 1094—1095 页。

领悟历史和人民为什么选择中国共产党、选择马克思主义、选择社会主义道路、选择改革开放，真正感受马克思主义中国化经典著作的跨越时空的魅力，学会用马克思主义的立场观点方法探求我们民族和国家是如何在马克思主义中国化进程中迎来从站起来、富起来到强起来的伟大飞跃。

（二）讲好故事：新民主主义革命、社会主义革命和建设、改革开放的故事

怎么才能把"毛泽东思想和中国特色社会主义理论体系概论"课的理讲到学生心坎里呢？就要把道理寓于故事中，寓于经典著作形成的历史故事中。以史为鉴，资政育人。回望历史，中国特色社会主义是从中华文明 5000 年、世界社会主义 500 年、中国近现代 180 多年、建党 100 多年、新中国成立 70 多年、改革开放 40 多年的历史中走出来的，讲历史与讲现实结合，我们讲述那些苦难辉煌的过去和日新月异的现在，就是为了让学生走向光明而深远的未来。

马克思主义中国化经典著作之所以包含极强的说服力，是因为它能够让我们真切和感悟马克思主义中国化经典作家的崇高价值追求，从中我们可以获取精神给养、升华思想境界、激发奋斗自觉，通过深挖这些经典原文背后的故事，给青年大学生内心带来极大震撼和触动。比如，1935 年 12 月 27 日，毛泽东在陕北瓦窑堡党的活动分子会议上作的报告，他讲道："我们中华民族有同自己的敌人血战到底的气概。有在自力更生的基础上光复旧物的决心，有自立于世界民族

之林的能力"。① 每当讲到这里时，笔者都会带领学生一起诵读这段充满昂扬斗志的段落，然后回到具体的历史环境和时空状态中加以述评，强化学生历史思维能力，让学生们深刻感受到毛泽东等老一辈无产阶级革命家革命理想高于天的精神状态，还能感受到他们在坚持真理基础上对未来时局变化发展的深刻洞察。1935 年，对于中国革命和中国共产党而言有着特殊的历史意义，1935 年 1 月中央红军长征途中，在贵州遵义召开中共中央政治局扩大会议，会议集中解决了当时具有重要意义的军事问题和组织问题。在军事上，肯定了毛泽东关于红军作战的战略、战术原则否定了李德等的错误军事路线。在组织上，改组了党和红军的领导机构，确立了毛泽东在党中央和红军中的领导地位。会后不久，政治局常委决定由张闻天代替博古负总的责任，并组成了毛泽东、周恩来、王稼祥 3 人小组负责全军的军事行动。这次会议是中国共产党历一个生死攸关的转折点。1935 年，日本帝国主义制造了"华北事变"，那是一个被称之为"华北之大，竟容不下一张安静的书桌"的年代，而国民党政府屈服于日本帝国主义的淫威，继续实行不抵抗政策，先后与日军签订了"秦土协定"和"何梅协定"，实际上把包括北平、天津在内的河北、察哈尔两省的大部分主权奉送给了日本，面对这样的局面，中国共产党积极领导了全国人民的抗日救亡运动，1935 年 12 月，在中日民族矛盾日益加深，大规模的抗日民主运动重新高涨的形势下，为制定正确的政治路线和革命策略而召开瓦窑堡会议，中共中央在陕北子长县瓦窑堡召开的一

---

① 《毛泽东选集》第一卷，北京：人民出版社 1991 年版，第 161 页。

次重要的政治局扩大会议，会议分析了华北事变后国内阶级关系的新变化，讨论了抗日民族统一战线、国防政府和抗日联军等问题，批判了党内长期存在着的左倾关门主义，制定了抗日民族统一战线的策略方针，中国共产党在抗日战争中发挥了中流砥柱的作用。通过讲述一段话，讲好这段话背后的故事，感受这段话的精神给养、思想境界，并助力学生转化为行动自觉。

又如，当带领学生学习《毛泽东思想和中国特色社会主义理论体系概论》教材中第七章"'三个代表'重要思想"中的第二节第三目的"全面建设小康社会"的内容时，需要讲好中国共产党带领中国人民为了摆脱贫困过上好日子的奋斗故事，笔者在这一部分运用了塞罕坝从"一棵松"到今天的百万亩人工林海的案例，从这一奋斗故事切入，把在塞罕坝上奋斗的几代人的经历讲的生动且丰满，通过讲一类人再到讲全体中国人民，从个人品质到民族精神的层层递进中，既讲出理论深度，又讲出情感的温度，用深沉厚重的家国情怀激励学生、启发学生、塑造学生。

第二章

马克思主义中国化经典著作融入
"毛泽东思想和中国特色社会主义理论体系概论"
课程教学的实践过程研究之毛泽东思想篇

　　《毛泽东思想和中国特色社会主义理论体系概论》2023 版教材在结构上除了导论及结束语外共计八章，其中，关于毛泽东思想的内容共四章，集中呈现在第一章"毛泽东思想及其历史地位"、第二章"新民主主义革命理论"、第三章"社会主义改造理论"、第四章"社会主义建设道路初步探索的理论成果"这四个章节中。与之相适应，毛泽东的理论著作融入"毛泽东思想和中国特色社会主义理论体系概论"在篇目和篇幅的选择上多于其他章节。

第一节　毛泽东的理论著作融入"毛泽东思想和中国
特色社会主义理论体系概论"课程的必要性研究

　　将毛泽东的理论著作融入"毛泽东思想和中国特色社会主义理论

体系概论"课程的教学，符合"毛泽东思想和中国特色社会主义理论体系概论"课程特点和学生认知规律的特点。具体表现在：一是符合毛泽东的理论著作的基本特点；二是符合"毛泽东思想和中国特色社会主义理论体系概论"课程的基本特点；三是品读和体悟毛泽东的经典著作是当代大学生准确理解毛泽东思想之前提。

一、符合毛泽东的理论著作的基本特点

毛泽东的理论著作是在我国新民主主义革命、社会主义革命和社会主义建设的实践过程中逐步形成的，建立在总结我国革命和建设正反两面历史经验的基础上逐步形成。毛泽东的理论著作是马克思列宁主义与中国革命、中国建设的具体实际相结合的产物，是关于中国革命和建设正确的理论原则和经验的总结，离开品读毛泽东的理论著作就不能真正理解和把握毛泽东思想的形成、成熟及发展的历史进程，就不能真正理解和把握毛泽东思想的主要内容和活的灵魂，毛泽东的理论著作有着三个一以贯之的特点。

（一）一以贯之的问题意识

毛泽东同志在中国革命、建设的具体实践中，为了解决各类问题，形成了一系列经典文献。如为反对当时党内存在着的两种错误倾向，一是只注意同国民党合作，忘记了农民的右倾机会主义，二是只注意工人运动，忘记了农民的左倾机会主义，于1925年写作而成的《中国社会各阶级分析》；为了答复党内外对农民革命斗争的责难，亲自

回到湖南做了三十二天的考察工作，于 1928 年写作而成的《湖南农民运动考察报告》。面对怀疑红色政权的存在，在党内产生了悲观情绪，1928 年 10 月，毛泽东写作而成的《中国的红色政权为什么能够存在？》这一经典名篇。1938 年 5 月，在中华民族生死存亡的关键时刻，有力地驳斥了"亡国论"和"速胜论"的错误观点，为全民族抗战指明了胜利前景和努力方向的《论持久战》，1938 年 10 月，毛泽东为驳斥"一切经过统一战线"的错误论断，目的是使全党同志明确地知道并认真地负起中国共产党领导抗日战争的重大历史责在，坚持抗日民族统一战线的方针，但在统一战线中有团结又有斗争而写作的《中国共产党在民族战争中的地位》。不难发现，毛泽东的理论著作具有鲜明的问题导向。

（二）一以贯之的实践品格

理论是灰色的，而实践之树是常青的。马克思也曾深刻指出："全部社会生活在本质上是实践的。"[1]实践与理论的关系不是单向的线性关系，而是把马克思主义的理论形态同中国具体实际的实践形态的相结合的复性思辨过程。没有革命的实践就不会有革命实践经验的概括和总结，革命的理论也就无法形成。没有中国革命的实践，没有党对革命实践经验的概括和总结，新民主主义革命理论就无法形成和发展。

1938 年，毛泽东在召开的党的六届六中全会上所作的政治报告《论新阶段》中强调两个任务，一是"马克思主义的中国化"，二是

---

[1] 《马克思恩格斯选集》第一卷，北京：人民出版社 2012 年版，第 135 页。

"学习我们的历史遗产"。他指出："离开中国特点来谈马克思主义，只是抽象的空洞的马克思主义。"[1] 以毛泽东为代表的中国共产党人运用马克思主义基本原理，围绕如何进行新民主主义革命、如何实现从新民主主义向社会主义转变和如何建设社会主义三大基本问题进行了探索和系统回答，这个过程中形成了一系列经典文献，如《井冈山的斗争》《星星之火，可以燎原》《反对本本主义》《论持久战》《实践论》《新民主主义论》《改造我们的学习》《论联合政府》《十大关系》《关于正确处理人民内部矛盾》《人的正确思想是从哪里来的？》等等。思政课教师在教学过程中可以将这些经典名篇恰当地融入课程讲授中，这些著作能够帮助学生深刻理解马克思主义中国化时代化的理论成果的形成背景、科学内容、精神实质及重大意义，教会学生运用马克思主义立场、观点和方法去分析问题、解决问题。

（三）一以贯之的实事求是思想路线

毛泽东作为党的第一代领导核心，他以惊人的才能、非凡的智慧、深邃的洞察力和独特的创造力，对中国共产党集体智慧的结晶——毛泽东思想的形成和发展作出了杰出的贡献。毛泽东的理论著作始终能够立足实际，做到了具体问题具体分析。1981年党的十一届六中全会通过的《中国共产党中央委员会关于建国以来党的若干历史问题的决议》指出："毛泽东思想的活的灵魂，是贯串于上述各个组成部分的立场、观点和方法，它们有三个基本方面，即实事求是，群众路

---

① 《毛泽东选集》第三卷，北京：人民出版社1991年版，第819页。

线，独立自主。"①

毛泽东一直主张反对离开中国社会和中国革命实际去研究马克思主义，1930年的《反对本本主义》中强调了调查研究是一切工作的第一步，提出了"没有调查，就没有发言权"的著名论断。②

如在1935年遵义会议以后，毛泽东系统地总结了党领导中国革命特别是全民族抗日战争以来的历史经验，深入分析中国革命具体实际，在《实践论》和《矛盾论》两篇著作中，运用马克思主义的认识论和辩证法，系统分析了党内"左"的和右的错误的思想根源。在《〈共产党人〉发刊词》《中国革命和中国共产党》《新民主主义论》《改造我们的学习》《论联合政府》等理论著作中，科学阐述了新民主主义革命的对象、动力、领导力量、性质和前途等基本问题，提出了新民主主义革命的总路线，并制定了相应的经济、政治、文化纲领，指明了新民主主义革命的具体目标。毛泽东还详细论述了统一战线、武装斗争和党的建设的基本规律和内在联系，为新民主主义革命的胜利找到了正确方法。这一时期，正是由于"经过胜利失，胜利、再失败，两次比较，我们才认识了中国这个客观世界"。③

① 《三中全会以来重要文献选编》（下），北京：中央文献出版社2011年版，第162页。
② 《毛泽东选集》第一卷，北京：人民出版社1991年版，第109页。
③ 《毛泽东文集》第八卷，北京：人民出版社1999年版，第299页。

二、符合"毛泽东思想和中国特色社会主义理论体系概论"课程的基本特点

当前，使用教材为《毛泽东思想和中国特色社会主义理论概论》2023 年版，是为了贯彻落实习近平新时代中国特色社会主义思想和党的二十大精神，推进党的理论创新成果"三进"工作，根据中宣部、教育部要求进行了修订，后经马克思主义理论研究和建设工程咨询委员会书面审议，形成了《毛泽东思想和中国特色社会主义理论体系概论》2023 年版，本门课程兼具政治性、理论性和现实性，以中国化时代化马克思主义为主题，以马克思主义中国化时代化为主线，引导学生坚定中国特色社会主义理想信念，增强建设中国特色社会主义的责任感和使命感。2023 版教材与之前教材不同之处在于，本教材重点阐述马克思主义中国化时代化理论成果中的毛泽东思想、邓小平理论、"三个代表"重要思想、科学发展观。习近平新时代中国特色社会主义思想在《习近平新时代中国特色社会主义思想概论》教材中系统阐述。[①]

（一）明确"毛泽东思想和中国特色社会主义理论体系概论"课程定位

我们需要明确"毛泽东思想和中国特色社会主义理论体系概论"课的教学目的，也就是课程定位，通过学习本课程，不是为了培养职

---

① 本书编写组：《毛泽东思想和中国特色社会主义理论体系概论》，北京：高等教育出版社 2023 年版，第 13 页。

业政治家或理论家，而是以落实"立德树人"为根本任务，提高大学生的马克思主义理论素养，使其自觉坚定中国特色社会主义道路自信、理论自信、制度自信、文化自信，增强青年大学生的政治认同、思想认同、情感认同，培养合格的中国特色社会主义事业的建设者和接班人，培养堪当民族复兴大任的时代新人。故此，本课程学习是为了强化大学生的政治素养、引导帮助大学生树立正确的人生观、世界观，所以在教学内容、教学目的、教学形式、教学环节和手段上起到锦上添花的作用，"锦"指的教材，起到了主体性、决定性的作用，而经典著作起到的是补充、促进的"锦上添花"作用，而非决定性的作用。主次不分或本末倒置不仅将淡化"毛泽东思想和中国特色社会主义理论体系概论"课程作为高校政治理论课的性质，而且在有限的教学时数内，冲淡了"毛泽东思想和中国特色社会主义理论体系概论"理论的系统性，并不利于大学生对"毛泽东思想和中国特色社会主义理论体系概论"课程的整体把握。

（二）明确"毛泽东思想和中国特色社会主义理论体系概论"课程自身特点

就"毛泽东思想和中国特色社会主义理论体系概论"课程固有属性而言，教材内容具有时间跨度之大、内容范围之广、涉猎理论之多的鲜明特点，且课程的学时总量少、课程内容时代感较弱，加之是面向普通本科高校学生的最后一门思政课程，这些因素交织在一起，让"毛泽东思想和中国特色社会主义理论体系概论"成为在各门思想政治理论课中最难讲好的一门课程。且教学班多以大班教学为主，教师很难做到在每一堂课上兼顾到每个学生，笔者的教学班的班容量基本在 90 人上下，在教学过程中又受到学时少与理论庞大而复杂、班型较大等因素限制，就使得此门课程中蕴含着的生动部分不易得到发挥。

由于课程时代感较弱，如果教师不具备充分的理论阐释力、不具备高超的语言感染力，是难以引起学生深入学习的兴趣。故此，本门课程的这些特点与大学生的应试教育的习惯性特点相互结合起来，就很容易使得学生在面对着难以理解的理论面前，在教师没有充分时间讲解的情况下，疲于应付，死记硬背，助长了应试教育的习惯继续发展。

三、当代大学生阅读毛泽东的著作是准确理解毛泽东思想的前提

学生在学习"毛泽东思想和中国特色社会主义理论体系概论"课程过程中对毛泽东思想的一些重要理论、概念的科学内涵难以理解，说到底是由于缺乏对毛泽东思想系统性、整体性把握。面对上述问题，我们只有重读毛泽东、走近毛泽东，才有可能更加热爱毛泽东，更加真切地理解毛泽东，促进我们真学、真懂、真信、真用毛泽东思想。

1981 年 3 月，邓小平曾同《历史决议》起草小组负责同志的谈话中就说道："青年人不知道我们的历史，特别是中国革命、中国共

产党的历史。"① 在过去了四十余年后的今天，就当代大学生特点而言，从年龄上看，在我国普通高等学校中，大学生大都出生在 2000 年和 2005 年之后，是被大众称之为"00 后""05 后"的大学生；从思想状况上看，他们有着自身的思想状况和接受心理的特点，存在着思想行为多元化、个性化的特点；从生活条件上看，他们生活和受教育都是在新世纪的和平年代，正逢我国经济社会快速发展的时期，从小就生活在优越的物质环境中，严重缺乏艰苦生活的锻炼和社会实践，他们普遍对中国新民主主义革命、社会主义革命和社会主义建设曲折发展的历史缺乏了解，对毛泽东思想各个组成部分的重要理论、观点形成的历史背景和依据的实践材料也缺乏了解，由于不了解也难以激发学习兴趣，青年大学生在学习"毛泽东思想和中国特色社会主义理论体系概论"课程过程中，可以通过阅读毛泽东著作加以弥补，毛泽东在中国革命和建设各个历史时期的理论著作是各个历史时期的实践探索及理论总结，它本身包含实践与理论两方面内容，而且本身也揭示了马克思主义具体的理论、观点、立场、方法与中国具体实践之间的联系。学习和品读毛泽东的理论著作就是要用无产阶级革命家的伟人事迹影响学生，用无产阶级革命家的人格精神激励学生，让学生真诚地面对经典原著，真正地感受马克思主义经典作家的高尚人格，真切地体会无产阶级革命家的伟大情感，从而获得真实的生命共情，激发起对马克思主义科学信仰的执着追求。

---

① 《邓小平文选》第二卷，北京：人民出版社 1994 年第 2 版，第 304 页。

第二节　毛泽东的理论著作融入"毛泽东思想和中国特色社会主义理论体系概论"课程的具体步骤

一、课前的恰当选文、选段

课前进行恰当选文是将毛泽东的理论著作融入课程取得良好教学效果的前提，需要正确处理毛泽东的理论著作与经典著作选读之间的关系。作为思政课教师首先要处理好课程教材与毛泽东的经典理论著作之间的关系，必须始终坚持以课程教材为主、以毛泽东的理论著作为辅，从始至终必须遵循这个总原则。

教师首先要以教学内容与原著内容高度契合、著作选读的数量、篇幅适度且具有代表性为标准，有侧重地选取毛泽东的经典理论原著原文，既要坚持学史读传，又要做到情理相通，秉持学以致用的基本原则更好实现从读原著向悟原理转化。此外，在教学方式上通过多元化学习模式的构建、线上阅读活动的推行、实践教学活动的开展、多维一体学习成效评估体系的建立等路径，更好地激发大学生学习的兴趣和动力。

在学习毛泽东思想部分，依据《毛泽东思想和中国特色社会主义理论体系概论》2023版教材，笔者选择了毛泽东的《中国社会各阶级的分析》《中国革命和中国共产党》《新民主主义论》《中国共产党人发刊词》《论人民民主专政》，以及《论十大关系》等理论著作，着重分析这些理论著作的基本内容、中心思想、当代启示等等。由于课堂上学时数量有限，课后学生学习时间分配等因素的制约，不可能要求学生全面阅读每篇经典文献，因此，教师要做出取舍，对马克思主义中国化的经典著作进行精选。精选的标准可以考虑以下因素：一是能集中反映毛泽东思想重要理论观点；二是能反映毛泽东思想产生、成熟、发展的阶段性成果；三是在分析、解决问题的方法上具有典型性。依据上述标准，如《中国社会各阶级的分析》《中国的红色政权为什么能够存在》《反对本本主义》《新民主主义论》《论人民民主专政》《关于正确处理人民内部矛盾的问题》《论十大关系》等都是精选、精读、精讲的好素材。在精选的基础上汇编入本书中，成为学生学习原著和概论课程的辅助读本。

由任课教师在课堂上开列相关的参考书目与论文，并提出课后阅读计划及要求。简单介绍毛泽东思想原著的写作背景，主要内容及当时写作的目的到底是为了解决什么样的历史课题。通过学生课前阅读原著的基础上，在课堂上，教师汇集学生所提出的疑难问题与热点问题，组织课堂讨论，由任课教师解答疑惑，并作课堂总结。注重从以下几个方面入手：一是讲清毛泽东思想形成、发展与毛泽东思想的重要内容。二是讲清毛泽东思想活的灵魂。三是讲清毛泽东思想的历史地位。

二、课中学生汇报展示

期待学生能够学有所获，是每一名教师的心愿。将毛泽东著作融入课程中，学生获得了较大的自由求学时间与空间，有利于创新思维和独立分析问题能力的培养，使他们在深刻理解问题的基础上，自觉地接受马列主义、毛泽东思想以及中国特色社会主义理论的教育，从中使他们更加深刻感受到了，崇敬领袖光辉思想，以及艰苦而伟大的实践，摆脱死记硬背、枯燥理论的困扰，克服应试教育的弊端。

学生汇报围绕经典著作的写作背景、主要内容、精选名句及现实启示四大部分构成。通过学生研究经典著作及文献的形成过程，下面是笔者在教学过程中，学生的分享展示成果：

《关于若干历史问题的决议》课堂展示汇报 [①]

第一小组

组长：毕言迪

组员：刘安琪、张稼禛、杨阳、杨峥峣

资料搜集：刘安琪、张稼禛、杨阳

资料整合与 PPT 制作：毕言迪

课堂讲解：杨峥峣

1944 年 5 月 21 日至 1945 年 4 月 20 日，中共六届七中全会在延安召开。会议选举毛泽东、朱德、刘少奇、任弼时、周恩来 5 名同志组成大会主席团。全会通过毛泽东为中央委员会主席的提议，原则通过《关于若干历史问题的决议》，肯定了确立毛泽东在全党的领导地位的重大意义，使全党尤其是党的高级干部对中国民主革命基本问题的认识达到在马克思列宁主义基础上的一致。至此，整风运动胜利结束。整风运动是一次深刻的马克思主义思想教育运动，收到巨大成效。通过整风运动，实现了在以毛泽东同志为核心的党中央领导下全

---

① 本案例引文除另行标注之外皆出自《建党以来重要文献选编（一九二一——一九四九）》第二十二册，北京：中央文献出版社 2011 年版。

党新的团结和统一，为抗日战争的胜利和新民主主义革命在全国的胜利，奠定了重要的思想政治基础。延安整风运动所积累的经验对党的建设具有重大而深远的意义。

一、《关于若干历史问题的决议》制定的历史背景

（一）民主革命，党内连续出现"一右三左"的错误

中国共产党成立后，在进行艰苦卓绝的革命斗争中取得了伟大的成绩，但同时在某些时期也犯过一些错误。第一次国内革命战争后期，党内出现了陈独秀为代表的右倾机会主义错误。当时，陈独秀放弃对于农民群众、城市小资产阶级和中等资产阶级的领导权，尤其是放弃对于武装力量的领导权，主张一切联合，否认斗争，以致给党和人民造成极大的损失；之后发生过以瞿秋白、李立三、王明为代表的3次"左"倾错误。其中，以王明为代表的"左"倾教条主义是理论形态最完备、持续时间最长、影响最深、危害最大的一次。在军事上实行"左"倾冒险主义，主张"御敌于国门之外"，与国民党军队大打阵地战，跟敌人拼消耗；在政治上实行"左"倾关门主义，将所有的地主和资产阶级都看成革命的敌人，主张"地主不分田，富农分坏田"，并拒绝与发动"福建事变"的十九路军合作。这一系列"左"倾错误直接导致中央苏区第五次反"围剿"失败，南方各根据地相继丧失，全国红军从 30 万人减少到 3 万人、党员从 30 万人减少到 4 万人，白区的党组织也几乎损失殆尽。尽管在 1935 年 1 月长征途中召开的遵义会议上，博古"左"倾在中央的统治宣告结束，但由于环境和条件的限制，当时只是解决了最迫切的军事问题和组织问题，而思

想上、政治上的路线问题并未作出正确的结论。

（二）相对稳定的环境也为这次的整风运动提供了外部保障

延安在 1937 年到 1944 年没有经历大规模的战争，一直处在比较稳定的环境中，为中国共产党集中力量进行马克思主义理论学习，用马克思主义的理论解决历史问题，科学总结党的历史经验提供了客观条件。

二、《关于若干历史问题的决议》的主要内容和核心要义

（一）《关于若干历史问题的决议》的介绍

《关于若干历史问题的决议》分为 7 个部分，总结了建党以来特别是党的六届四中全会至遵义会议前这一段党的历史及其经验教训，阐述了"以毛泽东同志为代表的"正确路线，贯穿了以整风进行党的思想建设"新的传统"。

《关于若干历史问题的决议》对党成立以来尤其是六届四中全会至遵义会议期间中央的领导路线问题作出正式结论。

在党的七大预备会上，《关于若干历史问题的决议》明确写道："主要讲我们党历史上的'左'倾错误，讲党史上一种比较适合于中国人民利益的路线与一种有些适合但有些不适合于中国人民利益的路线的斗争，无产阶级思想同小资产阶级思想的斗争。"毛泽东还说："现在大家在研究党的历史，这个研究是必须的。如果不把党的历史搞清楚，不把党在历史上所走的路搞清楚，便不能把事情办得更好。"这反映了我们党研究、回顾党史的一大要旨。土地革命时期出现的 3 次"左"倾特别是第三次"左"倾错误给党和中国革命造成惨重损失，历史教训极其深刻。只有系统地总结这段历史，才能汲取经验教训，统一纷繁芜杂的认识分歧，清除思想蔽障。《关于若干历史问题的决议》在广泛讨论和征求意见的基础上，对六届四中全会至遵义会议期间中央的领导路线问题和以王明为代表的"左"倾教条主义错误的主要表现、危害、原因等做了系统深入的揭露和剖析，对一些重大事件和历史问题，如八七会议、党的六大、六届三中全会和四中全会、第五次反"围剿"失败、遵义会议等也进行了实事求是的分析和评价。这样，通过论述党的历史问题的路线是非，全党对建党以来尤其是六届四中全会至遵义会议期间的发展历程有了比较一致的认识。

（二）《关于若干历史问题的决议》阐述了"以毛泽东同志为代表的"正确路线

《关于若干历史问题的决议》在深入剖析"左"倾错误的同时，高度评价了毛泽东运用马克思列宁主义的理论来解决中国革命问题的杰出贡献，指出中国共产党自诞生以来，"就以马克思列宁主义的普遍真理和中国革命的具体实践相结合为自己一切工作的指针，毛泽东同志关于中国革命的理论和实践便是此种结合的代表"。具体说来，党的六大后的一个时期，毛泽东不但在实践上发展了第六次大会路线的正确方面，并正确地解决了许多为这次大会所不曾解决或不曾正确地解决的问题，而且在理论上更具体地和更完满地给了中国革命的方向以马克思列宁主义的科学根据。在他的指导和影响之下，红军运动已经逐渐发展成为国内政治的重要因素。"立三路线"时期，毛泽东"不但始终没有赞成立三路线，而且以极大的忍耐心纠正了红一方面军中的'左'倾错误，因而使江西革命根据地的红军在这个时期内不但没有受到损失，反而利用了当时蒋冯阎战争的有利形势而得到了发展，并在一九三〇年底至一九三一年初胜利地粉碎了敌人的第一次'围剿'"。六届四中全会后，"江西中央区红军在毛泽东同志的正确领导和全体同志的积极努力之下，在六届四中全会后的中央还没有来得及贯彻其错误路线的情况之下，取得了粉碎敌人第二次和第三次'围剿'的巨大胜利"。《关于若干历史问题的决议》特别强调，"在第三次'左'倾路线时期中，以毛泽东同志为代表的主张正确路线的同志们，是同这条'左'倾路线完全对立的"，"遵义会议后，党中央在毛泽东同志领导下的政治路线，是完全正确的"。

（三）《关于若干历史问题的决议》贯穿着以整风进行党的思想建设"新的传统"

中国共产党在历史上曾经开展过多次反对"左"倾、右倾错误思想的斗争，但由于方法不妥当，"一方面，没有使干部在思想上彻底了解当时错误的原因、环境和改正此种错误的详细办法，以致后来又可能重犯同类性质的错误；另一方面，太看重了个人的责任，未能团结更多的人共同工作"。为了正确处理党内矛盾，克服错误倾向，毛泽东明确提出延安整风的宗旨和方针是从团结的愿望出发，"惩前毖后，治病救人"。他指出，"这次处理历史问题，不应着重于一些个别同志的责任方面，而应着重于当时环境的分析，当时错误的内容，当时错误的社会根源、历史根源和思想根源，实行惩前毖后、治病救人的方针，借以达到既要弄清思想又要团结同志这样两个目的"。综观《关于若干历史问题的决议》全文，可以看出它很好地贯穿着这一"新的传统"。《关于若干历史问题的决议》强调："我们党关于党内历史问题的一切分析、批判、争论，是应该从团结出发，而又达到团结的，如果违背了这个原则，那就是不正确的"。《关于若干历史问题的决议》对各次"左"倾路线产生的历史条件和社会根源的分析，以及对过去犯过错误的同志所秉持的实事求是态度，无一不是贯彻这一方针的具体体现。

三、《关于若干历史问题的决议》的当代价值

（一）以史为鉴、继往开来

中国共产党是一个善于总结历史经验的党。对善于学习的共产党人来说，经验和教训都是宝贵财富。《关于若干历史问题的决议》认为，各次"左"倾、右倾错误都不是偶然发生的，而是一定社会历史条件下的产物"一切政治路线、军事路线和组织路线之正确或错误，其思想根源都在于它们是否从马克思列宁主义的辩证唯物论和历史唯物论出发，是否从中国革命的客观实际和中国人民的客观需要出发"。正如恩格斯所言："要获取明确的理论认识，最好的道路就是从本身的错误中学习。"[①] 正是抱着以史为鉴的目的，《关于若干历史问题的决议》注重分析错误产生的社会根源、思想根源与历史根源，提出行之有效的解决办法。《关于若干历史问题的决议》指出，克服错误的"左"倾、右倾思想，既不能草率从事，也不能操切从事，必须深化马克思列宁主义教育，提高全党对于无产阶级思想和小资产阶级思想

---

① 《马克思恩格斯选集》第四卷，北京：人民出版社 2012 年版，第 586 页。

的鉴别能力，发扬党内民主，展开批评和自我批评，进行耐心说服教育工作，具体分析错误的内容及其危害。

《关于若干历史问题的决议》对党的历史作出正式结论，是"为了学习中国革命的历史教训，以便'惩前毖后，治病救人'，使'前车之覆'成为'后车之鉴'"。以史为鉴，善于汲取正反两方面经验教训，并不断在坚持真理、修正错误基础上实现党的高度团结，是中国共产党领导中国人民取得革命胜利的关键所在。

（二）行之有效的实践形式

《关于若干历史问题的决议》的起草以及最终通过说明利用"党的决议"这种形式对党的重大历史问题作出科学的反思和结论，从而统一全党的思想认识，团结全党共同奋斗，是一种十分有效的方式。恰当地运用这种方式，对党的事业前进和推进马克思主义中国化的发展具有重要意义。到2021年，中国共产党已经带领中国人民艰苦奋斗了一个世纪。今天的中国已经发生了翻天覆地的变化，党和人民在奋斗过程中积累了丰富的历史经验。特别是在党领导人民创造了革命、建设、改革的伟大成就后，推动中国特色社会主义进入了新时代。在伟大的成就和全新的挑战面前，习近平总书记领导全党经过缜密思考与研究起草了《中共中央关于党的百年奋斗重大成就和历史经验的决议》。全面总结、回顾了中国共产党成立一个世纪以来领导人民群众进行艰巨斗争所取得的重大历史成就，系统总结了一个世纪特别是进入中国特色社会主义新时代以来中国共产党在新的时代条件下进行探索创造从而取得的新鲜宝贵历史经验。在这个重大时间节点上，阐释了在新时代指引党和人民胜利前进的思想武器，确立了带领中华民族走上复兴的坚强核心。在百年未有之大变局的历史关头再一次给全党全民注入了更加主动的精神力量。

（三）对统一战线政策的不断巩固

在中国共产党成立之前，无数有志人士探索救国道路失败的根本原因都是没有找到把全体中华儿女团结起来的方案，没有形成一个能够凝聚革命力量、汇聚革命共识的领导核心。遵义会议之前，由于分不清敌人与朋友，党的事业屡受挫折。《关于若干历史问题的决议》对中国各个阶层的情况、革命性质和力量构成进行了正确的分析，认为中国革命在当前阶段是"区别于旧民主主义又区别于社会主义的新民主主义的革命"。因此，工人、农民、党外的小资产阶级和民族资产阶级都是推动新民主主义革命的动力，都在人民民主统一战线的团结范围之中。

现如今，习近平总书记指出："人心向背、力量对比是决定党和人民事业成败的关键，是最大的政治。"① 扩大新时代爱国统一战线的团结范围，是党和国家事业的需要，也是新时代统一战线的必然要求。《中共中央关于党的百年奋斗重大成就和历史经验的决议》提出："党完善大统战工作格局，努力寻求最大公约数、画出最大同心圆，汇聚实现中华民族伟大复兴的磅礴力量"，并指出新时代"是全国各族人民团结奋斗、不断创造美好生活、逐步实现全体人民共同富裕的

---

① 《习近平在中央统战工作会议上强调 促进海内外中华儿女团结奋斗 为中华民族伟大复兴汇聚伟力 李克强栗战书王沪宁赵乐际韩正出席 汪洋讲话》，《人民日报》，2022年7月31日，第1版。

时代，是全体中华儿女勠力同心、奋力实现中华民族伟大复兴'中国梦'的时代"，既指明了新时代的主题，而且把全国各族人民、全体中华儿女都界定为新时代爱国统一战线的团结范围，充分体现了"大统战"工作格局的特点。

三、课后的评价及考核

课堂汇报和课后作业均以回归经典阅读为基础。比如，要讲述第二章"新民主主义革命理论"中的新民主主义革命的总路线和基本纲领的内容之前，教师将《中国社会各阶级分析》、《中国革命和中国共产党》（节选）、《新民主主义论》（节选）上传至班级群，请同学们仔细阅读并试做分析：一是新民主主义革命的对象、动力、领导力量分别是什么？二是中国无产阶级除了一般无产阶级的优点外，还有哪些自身的特点和优点？

通过抛出问题，让学生们带着问题去阅读经典著作，深刻理解经典的理论力量，作有何特点导以经典原著中体现或提出的某个问题为切入点布置和批改平时作业，才能让学生在思想上的重视，课前的思考准备与课堂上教师讲授、小组交流研讨有机地统一起来，保证马克思主义中国化经典著作融入"毛泽东思想和中国特色社会主义理论体系概论"课程教学的有效性。

期末考试命题结合原著进行，从经典原著切入教学根本目的在于使学生学习和领悟经典原著中体现着的马克思主义的立场、观点和方法并能从本本中跳出来解决实际问题。学生通过课前阅读思政课教师制定的原著篇目，在课前进行充分的小组交流、研讨，并形成小组课堂展示汇报，在此过程中，每个同学都教较为系统和全面的理解所选的理论原著，并形成个人的心得体会报告。其中课堂展示汇报可以作为平时成绩，个人读书汇报可以作为期末成绩，从课前到课中再到课后，强化了马克思主义中国化经典著作融入课程的激励约束效果，构成了闭环的融入方式。

第三节　毛泽东的理论著作融入"毛泽东思想和中国特色社会主义理论体系概论"课程实施方案

鼓励学生品读阅读毛泽东著作，有人担心会不会过分地增加学生的负担，使本就课时少、理论多的课程增加了许多内容。对此，教师制定了原著品读详单，其内容与分量是学生可接受的，而且每一章节中的热点与难点问题，难易程度适中，以避免过分地增加学生学习负担，这样一来，不仅不会带来副作用，相反，它会大大激发学生的学习热情，更好地掌握教材的内容，达到良好的教学效果。

以下是笔者整理的毛泽东的著作融入"毛泽东思想和中国特色社会主义理论体系概论"课程的具体篇目。在教学过程中，选择适合学生的篇目，如笔者在 2023 年春季教学中，课堂上精讲了《中国社会各阶级分析》①这篇文章，本文适用于第一章第一节"毛泽东思想

_____

① 在课堂教学实践中，由于课时设置和学习内容的要求，许多经典著作无法在课堂上实现一一讲解，故此，在课堂上，笔者重点向同学们讲述《中国社会各阶级分析》,《湖南农民运动考察报告》一文的精读作为课后作业布置给同学们。

的形成与发展"或第二章第二节"新民主主义革命总路线和基本纲领";《中国的红色政权为什么能够存在？》适用于第二章第三节"新民主主义革命的道路和基本经验"中的新民主主义革命道路形成的必然性;《关于若干历史问题的决议》适用于第一章"毛泽东思想及其历史地位"第一节"毛泽东思想的形成和发展"、第二节"毛泽东思想的主要内容和活的灵魂"、第二章"新民主主义革命理论"中均适用;《论十大关系》适用于第四章"社会主义建设道路初步探索的理论成果"的第一节"初步探索的重要理论成果"中"调动一切积极因素为社会主义事业服务"，同时《论十大关系》在中国社会主义发展史上具有重要的历史贡献和理论价值，它对邓小平理论初步形成具有重要影响，这一点也要向同学们讲清楚。

一、《中国社会各阶级分析》及使用建议

使用建议：适用于第一章第一节"毛泽东思想的形成与发展"或第二章第二节"新民主主义革命总路线和基本纲领"。文章立意高远，作为毛泽东同志最看重的《毛泽东选集》第一卷的开篇之作，也是一篇毛泽东思想发展成熟过程中具有里程碑意义的经典文献，无论对党的建设还是中国革命和建设都具有极其重要的意义，对确保新时代党的建设和社会主义事业始终沿着正确方向具有极其重要的现实意义。毛泽东运用阶级观点和阶级分析方法对中国社会各阶级进行了科学分析，被称之为当时中国社会的"解剖图"，引导全党深刻认识到农民问题是党的事业、中国革命事业发展中一个必须高度重视的重要问

题，并通过持续努力一步步解决好农民问题。

文章篇幅较短，计3800多字，适于精读。可由班级的学生小组完成。

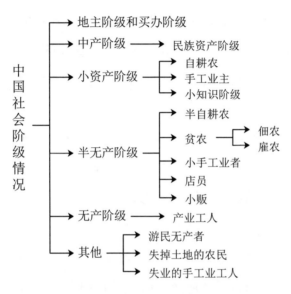

图2：中国社会阶级情况图

教师讲解：在精读原著的过程中，始终引导学生自觉地清醒且准确把握文章写作的历史条件、时空状态、革命形势等基本要素。本文写于1925年，那么教师应为学生讲述清楚，1925年中国、1925年中国共产党、1925年中国革命之状况。

毛泽东此文写作目的是为反对当时党内存在着的两种倾向。当时党内的第一种倾向，以陈独秀为代表，只注意同国民党合作，忘记了农民，这是右倾机会主义。第二种倾向，以张国焘为代表，只注意工人运动，同样忘记了农民，这是"左"倾机会主义。引导学生分析，这两种错误倾向对于中国革命的影响。与两种错误倾向不同的是，毛泽东指出中国无产阶级的最广大和最忠实的同盟军是农民，这样就解决了中国革命中的最主要的同盟军问题。

名句精读：

（1）谁是我们的敌人？谁是我们的朋友？这个问题是革命的首要问题。中国过去一切革命斗争成效甚少，其基本原因就是因为不能团结真正的朋友，以攻击真正的敌人。革命党是群众的向导，在革命中未有革命党领错了路而革命不失败的。

（2）地主阶级和买办阶级。在经济落后的半殖民地的中国，地主阶级和买办阶级完全是国际资产阶级的附庸，其生存和发展，是附属于帝国主义的。这些阶级代表中国最落后的和最反动的生产关系，阻碍中国生产力的发展。他们和中国革命的目的完全不相容。

（3）中产阶级。这个阶级代表中国城乡资本主义的生产关系。中产阶级主要是指民族资产阶级，他们对于中国革命具有矛盾的态度：他们在受外资打击、军阀压迫感觉痛苦时，需要革命，赞成反帝国主义反军阀的革命运动；但是当着革命在国内有本国无产阶级的勇猛参加，在国外有国际无产阶级的积极援助，对于其欲达到大资产阶级地位的阶级的发展感觉到威胁时，他们又怀疑革命。

（4）无产阶级。现代工业无产阶级约二百万人。中国因经济落后，故现代工业无产阶级人数不多。二百万左右的产业工人中，主要为铁路、矿山、海运、纺织、造船五种产业的工人，而其中很大一个数量是在外资产业的奴役下。工业无产阶级人数虽不多，却是中国新的生产力的代表者，是近代中国最进步的阶级，做了革命运动的领导力量。

原文（全文）：

《中国社会各阶级分析》①

谁是我们的敌人？谁是我们的朋友？这个问题是革命的首要问题。中国过去一切革命斗争成效甚少，其基本原因就是因为不能团结真正的朋友，以攻击真正的敌人。革命党是群众的向导，在革命中未有革命党领错了路而革命不失败的。我们的革命要有不领错路和一定成功的把握，不可不注意团结我们的真正的朋友，以攻击我们的真正的敌人。我们要分辨真正的敌友，不可不将中国社会各阶级的经济地位及其对于革命的态度，作一个大概的分析。

中国社会各阶级的情况是怎样的呢？

地主阶级和买办阶级。在经济落后的半殖民地的中国，地主阶级和买办阶级完全是国际资产阶级的附庸，其生存和发展，是附属于帝国主义的。这些阶级代表中国最落后的和最反动的生产关系，阻碍中国生产力的发展。他们和中国革命的目的完全不相容。特别是大地主阶级和大买办阶级，他们始终站在帝国主义一边，是极端的反革命派。其政治代表是国家主义派和国民党右派。

中产阶级。这个阶级代表中国城乡资本主义的生产关系。中产阶级主要是指民族资产阶级，他们对于中国革命具有矛盾的态度：他们在受外资打击、军阀压迫感觉痛苦时，需要革命，赞成反帝国主义反军阀的革命运动；但是当着革命在国内有本国无产阶级的勇猛参加，在国外有国际无产阶级的积极援助，对于其欲达到大资产阶级地位的阶级的发展感觉到威胁时，他们又怀疑革命。其政治主张为实现民族资产阶级一阶

---

① 《毛泽东选集》第一卷，北京：人民出版社1991年版，第3页。

级统治的国家。有一个自称为戴季陶"真实信徒"的，在北京《晨报》上发表议论说："举起你的左手打倒帝国主义，举起你的右手打倒共产党。"这两句话，画出了这个阶级的矛盾惶遽状态。他们反对以阶级斗争学说解释国民党的民生主义，他们反对国民党联俄和容纳共产党及左派分子。但是这个阶级的企图——实现民族资产阶级统治的国家，是完全行不通的，因为现在世界上的局面，是革命和反革命两大势力作最后斗争的局面。这两大势力竖起了两面大旗：一面是红色的革命的大旗，第三国际高举着，号召全世界一切被压迫阶级集合于其旗帜之下；一面是白色的反革命的大旗，国际联盟高举着，号召全世界一切反革命分子集合于其旗帜之下。那些中间阶级，必定很快地分化，或者向左跑入革命派，或者向右跑入反革命派，没有他们"独立"的余地。所以，中国的中产阶级，以其本阶级为主体的"独立"革命思想，仅仅是一个幻想。

小资产阶级。如自耕农（中农），手工业主，小知识阶层——学生界、中小学教员、小员司、小事务员、小律师，小商人等都属于这一类。这一个阶级，在人数上，在阶级性上，都值得大大注意。自耕农和手工业主所经营的，都是小生产的经济。这个小资产阶级内的各阶层虽然同处在小资产阶级经济地位，但有三个不同的部分。第一部分是有余钱剩米的，即用其体力或脑力劳动所得，除自给外，每年有余剩。这种人发财观念极重，对赵公元帅礼拜最勤，虽不妄想发大财，却总想爬上中产阶级地位。他们看见那些受人尊敬的小财东，往往垂着一尺长的涎水。这种人胆子小，他们怕官，也有点怕革命。因为他们的经济地位和中产阶级颇接近，故对于中产阶级的宣传颇相信，对于革命取怀疑的态度。这一部分人在小资产阶级中占少数，是小资产阶级的右翼。第二部分是在经济上大体上可以自给的。这一部分人比较第一部分人大不相同，他们也想发财，但是赵公元帅总不让他们发财，而且因为近年以来帝国主义、军阀、封建地主、买办大资产阶级的压迫和剥削，他们感觉现在的世界已经不是从前的世界。他们觉得现在如果只使用和从前相等的劳动，就会不能维持生活。必须增加劳动时间，每天起早散晚，对于职业加倍注意，方能维持生活。他们有点骂人了，骂洋人叫"洋鬼子"，骂军阀叫"抢钱司令"，骂土豪劣绅叫"为富不仁"。对于反帝国主义反军阀的运动，仅怀疑其未必成功，不肯贸然参加，取了中立的态度，但是绝不反对革命。这一部分人数甚多，大概占小资产阶级的一半。第三部分是生活下降的。这一部分人好些大概原先是所谓殷实人家，渐渐变得仅仅可以保住，渐渐变得生活下降了。他们每逢年终结账一次，就吃惊一次，说："咳，又亏了！"这种人因为他们过去过着好日子，后来逐年下降，负债渐多，渐次过着凄凉的日子，"瞻念前途，不寒而栗"。这种人在精神上感觉的痛苦很大，因为他们有一个从前和现在相反的比较。这种人在革命运动中颇要紧，是一个数量不小的群众，是小资产阶级的左翼。以上所说小资产阶级的三部分，对于革命的态度，在平时各不相同；但到战时，即到革命潮流高涨、可以看得见胜利的曙光时，不但小资产阶级的左派参加革命，中派亦可参加革命，即右派分子受了无产阶级和小资产阶级左派的革命大潮所裹挟，也只得附和着革命。我们从一九二五年的五卅运动和各地农民运动的经验看来，这个断定是不错的。

半无产阶级。此处所谓半无产阶级，包含：（一）绝大部分半自耕农，（二）贫农，（三）小手工业者，（四）店员，（五）小贩等五种。绝大部分半自耕农和贫农是农村中一个数量极大的群众。所谓农民问题，主要就是他们的问题。半自耕农、贫农和小手工业者所经营的，都是更细小的小生产的经济。绝大部分半自耕农和贫农虽同属半无产阶级，但其经济状况仍有上、中、下三个细别。半自耕农，其生活苦于自耕农，因其食粮每年大约有一半不够，须租别人田地，或者出卖一部分劳动力，或经营小商，以资弥补。春夏之间，青黄不接，高利向别人借债，重价向别人籴粮，较之自耕农的无求于人，自然景遇要苦，但是优于贫农。因为贫农无土地，每年耕种只得收获之一半或不足一半；半自耕农则租于别人的部分虽只收获一半或不足一半，然自有的部分却可全得。故半自耕农的革命性优于自耕农而不及贫农。贫农是农村中的佃农，受地主的剥削。其经济地位又分两部分。一部分贫农有比较充足的农具和相当数量的资金。此种农民，每年劳动结果，自己可得一半。不足部分，可以种杂粮、捞鱼虾、饲鸡豕，或出卖一部分劳动力，勉强维持生活，于艰难竭蹶之中，存聊以卒岁之想。故其生活苦于半自耕农，然较另一部分贫农为优。其革命性，则优于半自耕农而不及另一部分贫农。所谓另一部分贫农，则既无充足的农具，又无资金，肥料不足，土地歉收，送租之外，所得无几，更需要出卖一部分劳动力。荒时暴月，向亲友乞哀告怜，借得几斗几升，敷衍三日五日，债务丛集，如牛负重。他们是农民中极艰苦者，极易接受革命的宣传。小手工业者所以称为半无产阶级，是因为他们虽然自有简单的生产手段，且系一种自由职业，但他们也常常被迫出卖一部分劳动力，其经济地位略与农村中的贫农相当。因其家庭负担之重，工资和生活费用之不相称，时有贫困的压迫和失业的恐慌，和贫农亦大致相同。店员是商店的雇员，以微薄的薪资，供家庭的费用，物价年年增长，薪给往往须数年一增，偶与此辈倾谈，便见叫苦不迭。其地位和贫农及小手工业者不相上下，对于革命宣传极易接受。小贩不论肩挑叫卖，或街畔摊售，总之本小利微，吃着不够。其地位和贫农不相上下，其需要一个变更现状的革命，也和贫农相同。

无产阶级。现代工业无产阶级约二百万人。中国因经济落后，故现代工业无产阶级人数不多。二百万左右的产业工人中，主要为铁路、矿山、海运、纺织、造船五种产业的工人，而其中很大一个数量是在外资产业的奴役下。工业无产阶级人数虽不多，却是中国新的生产力的代表者，是近代中国最进步的阶级，做了革命运动的领导力量。我们看四年以来的罢工运动，如海员罢工、铁路罢工、开滦和焦作煤矿罢工、沙面罢工以及"五卅"后上海香港两处的大罢工所表现的力量，就可知工业无产阶级在中国革命中所处地位的重要。他们所以能如此，第一个原因是集中。无论哪种人都不如他们的集中。第二个原因是经济地位低下。他们失了生产手段，剩下两手，绝了发财的望，又受着帝国主义、军阀、资产阶级的极残酷的待遇，所以他们特别能战斗。都市苦力工人的力量也很可注意。以码头搬运夫和人力车夫占多数，粪夫清道夫等亦属于这一类。他们除双手外，别无长物，其经济地位和产业工人相似，惟不及产业工人的集中和在生产上的重要。中国尚少新式的资本主义的农业。所谓农村无产阶级，是指长工、月工、零工等雇农而言。此等雇农不仅无土地，无农具，又无丝毫资金，只得营工度日。其劳动时间之长，工资之少，待遇之薄，职业之不安定，超过其他工人。此种人在乡村中是最感困难者，在农民运动中和贫农处于同一紧要的地位。

此外，还有数量不小的游民无产者，为失了土地的农民和失了工作机会的手工业工人。他们是人类生活中最不安定者。他们在各地都有秘密组织，如闽粤的"三合会"，湘鄂黔蜀的"哥老会"，皖豫鲁等省的"大刀会"，直隶及东三省的"在理会"，上海等处的"青帮"，都曾经是他们的政治和经济斗争的互助团体。处置这一批人，是中国的困难的问题之一。这一批人很能勇敢奋斗，但有破坏性，如引导得法，可以变成一种革命力量。

综上所述，可知一切勾结帝国主义的军阀、官僚、买办阶级、大地主阶级以及附属于他们的一部分反动知识界，是我们的敌人。工业无产阶级是我们革命的领导力量。一切半无产阶级、小资产阶级，是我们最接近的朋友。那动摇不定的中产阶级，其右翼可能是我们的敌人，其左翼可能是我们的朋友——但我们要时常提防他们，不要让他们扰乱了我们的阵线。

二、《湖南农民运动考察报告》及使用建议

使用建议：适用于第一章第一节"毛泽东思想的形成与发展"或第二章第三节"新民主主义革命的道路和基本经验"。也可由学生自主学习使用，在课堂上以学习小组的课堂展示进行汇报。

历史背景：1926年的毛泽东已经成长为全国有影响力的农民运动的权威人士。此时正值北伐战争，北伐军所经之地，农民运动就会随之开展起来。以湖南为例，当时湖南农民有差不多一半已经组织起来，农民们以农会的方式，对土豪劣绅、不法地主展开了减租、减息斗争，在农会运动展开过程中，产生了一系列新问题、新矛盾，特别是阶级矛盾逐步激化。由于北伐军官是地主豪绅的代言人，两者之间存在着千丝万缕的关系，而农民运动直接触及地主利益，其实间接上也触动了北伐军官的利益。他们称农民运动是"越轨"，是"痞子运动"，"糟得很"，农会运动实际上是在"扰乱北伐后方"。关于农民运动的争论，也引起了当时陈独秀的注意，当时党内以陈独秀为首的右倾机会主义者，不愿意接受毛泽东的意见，而坚持自己的错误见解，他批评农民运动"过火""幼稚""动摇北伐军心""妨碍统一战线"。毛泽东此文是为了答复当时党内党外对于农民革命斗争的责难而写的，1927年1月4日到2月5日，共计32天，毛泽东考察了湖南湘

潭、湘乡、衡山、醴陵、长沙等五个县的农民运动，写出了《湖南农民运动考察报告》，他的第一站就在他的家乡韶山，前后 5 天时间。毛泽东在考察韶山农民运动中的许多想法、发言、讲话，考察韶山农民运动为毛泽东的《湖南农民运动考察报告》直接提供了大量的感性材料，韶山农民运动的大量事例引入了《湖南农民运动考察报告》。

选段精读：由于文章原文篇幅较长（17000 字），不适用全文精读，应在授课教师指导下，进行选段精读，除了下面大段落保留的选段之外，还应为学生推荐被我们熟知但尚未上升至真知的名段。

（1）许多奇事，则见所未见，闻所未闻。我想这些情形，很多地方都有。所有各种反对农民运动的议论，都必须迅速矫正。革命当局对农民运动的各种错误处置，必须迅速变更。这样，才于革命前途有所补益。因为目前农民运动的兴起是一个极大的问题。

（2）在"所谓的'过分问题'"中毛泽东谈道："革命不是请客吃饭，不是做文章，不是绘画绣花，不能那样雅致，那样从容不迫，文质彬彬，那样温良恭俭让。革命是暴动，是一个阶级推翻一个阶级的暴烈的行动。农村革命是农民阶级推翻封建地主阶级的权力的革命。农民若不用极大的力量，决不能推翻几千年根深蒂固的地主权力。农村中须有一个大的革命热潮，才能鼓动成千成万的群众，形成一个大的力量。"[①] 这句话已经深入人心，说明了革命的本质问题，在许多地方被人引用。

（3）很多人认为农民运动是一场所谓的"痞子运动"。毛泽东打

---

① 《毛泽东选集》第一卷，北京：人民出版社 1991 年版，第 17 页。

趣的回答："总而言之，一切从前为绅士们看不起的人，一切被绅士们打在泥沟里，在社会上没有了立足地位，没有了发言权的人，现在居然伸起头来了。不但伸起头，而且掌权了。"

（4）他们对着富农说："我们早进了农会，你们为什么还迟疑？"富农带着讥笑的声调说道："你们上无片瓦，下无插针之地，有什么不进农会！"的确，贫农们不怕失掉什么。他们中间有很多人，确实是"上无片瓦，下无插针之地"，他们有什么不进农会？据长沙的调查：乡村人口中，贫农占百分之七十，中农占百分之二十，地主和富农占百分之十。百分之七十的贫农中，又分赤贫、次贫二类。通过带领学生品读这段话，不难发现，毛泽东同志的《湖南农民运动考察报告》是建立在扎实的调查研究基础上，得出的清醒认知，得出占人口人数最多的贫农是最革命的，贫农是解决农村革命问题的结论，这里便是在立足实际，做到了具体问题具体分析。

原文（节选）：

《湖南农民运动考察报告》[1]

我这回到湖南，实地考察了湘潭、湘乡、衡山、醴陵、长沙五县的情况。从一月四日起至二月五日止，共三十二天，在乡下，在县城，召集有经验的农民和农运工作同志开调查会，仔细听他们的报告，所得材料不少。许多农民运动的道理，和在汉口、长沙从绅士阶级那里听得的道理，完全相反。许多奇事，则见所未见，闻所未闻。我想这些情形，很多地方都有。所有各种反对农民运动的议论，都必须迅速矫正。革命当局对农民运动的各种错误处置，必须迅速变更。这样，才于革命前途

---

① 《毛泽东选集》第一卷，北京：人民出版社 1991 年版，第 12 页。

有所补益。因为目前农民运动的兴起是一个极大的问题。很短的时间内，将有几万万农民从中国中部、南部和北部各省起来，其势如暴风骤雨，迅猛异常，无论什么大的力量都将压抑不住。他们将冲决一切束缚他们的罗网，朝着解放的路上迅跑。一切帝国主义、军阀、贪官污吏、土豪劣绅，都将被他们葬入坟墓。一切革命的党派、革命的同志，都将在他们面前受他们的检验而决定弃取。站在他们的前头领导他们呢？还是站在他们的后头指手画脚地批评他们呢？还是站在他们的对面反对他们呢？每个中国人对于这三项都有选择的自由，不过时局将强迫你迅速地选择罢了。

　　"糟得很"和"好得很"。农民在乡里造反，搅动了绅士们的酣梦。乡里消息传到城里来，城里的绅士立刻大哗。我初到长沙时，会到各方面的人，听到许多的街谈巷议。从中层以上社会至国民党右派，无不一言以蔽之曰："糟得很。"即使是很革命的人吧，受了那班"糟得很"派的满城风雨的议论的压迫，他闭眼一想乡村的情况，也就气馁起来，没有法子否认这"糟"字。很进步的人也只是说："这是革命过程中应有的事，虽则是糟。"总而言之，无论什么人都无法完全否认这"糟"字。实在呢，如前所说，乃是广大的农民群众起来完成他们的历史使命，乃是乡村的民主势力起来打翻乡村的封建势力。宗法封建性的土豪劣绅，不法地主阶级，是几千年专制政治的基础，帝国主义、军阀、贪官污吏的墙脚。打翻这个封建势力，乃是国民革命的真正目标。孙中山先生致力国民革命凡四十年，所要做而没有做到的事，农民在几个月内做到了。这是四十年乃至几千年未曾成就过的奇勋。这是好得很。完全没有什么"糟"，完全不是什么"糟得很"。"糟得很"，明明是站在地主利益方面打击农民起来的理论，明明是地主阶级企图保存封建旧秩序，阻碍建设民主新秩序的理论，明明是反革命的理论。每个革命的同志，都不应该跟着瞎说。你若是一个确定了革命观点的人，而且是跑到乡村里去看过一遍的，你必定觉到一种从来未有的痛快。无数万成群的奴隶——农民，在那里打翻他们的吃人的仇敌。农民的举动，完全是对的，他们的举动好得很！"好得很"是农民及其他革命派的理论。一切革命同志须知：国民革命需要一个大的农村变动。辛亥革命没有这个变动，所以失败了。现在有了这个变动，乃是革命完成的重要因素。一切革命同志都要拥护这个变动，否则他就站到反革命立场上去了。

所谓"过分"的问题。又有一般人说："农会虽要办，但是现在农会的举动未免太过分了。"这是中派的议论。实际怎样呢？的确的，农民在乡里颇有一点子"乱来"。农会权力无上，不许地主说话，把地主的威风扫光。这等于将地主打翻在地，再踏上一只脚。"把你入另册！"向土豪劣绅罚款捐款，打轿子。反对农会的土豪劣绅的家里，一群人涌进去，杀猪出谷。土豪劣绅的小姐少奶奶的牙床上，也可以踏上去滚一滚。动不动捉人戴高帽子游乡，"劣绅！今天认得我们！"为所欲为，一切反常，竟在乡村造成一种恐怖现象。这就是一些人的所谓"过分"，所谓"矫枉过正"，所谓"未免太不成话"。这派议论貌似有理，其实也是错的。第一，上述那些事，都是土豪劣绅、不法地主自己逼出来的。土豪劣绅、不法地主，历来凭借势力称霸，践踏农民，农民才有这种很大的反抗。凡是反抗最力、乱子闹得最大的地方，都是土豪劣绅、不法地主为恶最甚的地方。农民的眼睛，全然没有错的。谁个劣，谁个不劣，谁个最甚，谁个稍次，谁个惩办要严，谁个处罚从轻，农民都有极明白的计算，罚不当罪的极少。第二，革命不是请客吃饭，不是做文章，不是绘画绣花，不能那样雅致，那样从容不迫，文质彬彬，那样温良恭俭让。革命是暴动，是一个阶级推翻一个阶级的暴烈的行动。农村革命是农民阶级推翻封建地主阶级的权力的革命。农民若不用极大的力量，决不能推翻几千年根深蒂固的地主权力。农村中须有一个大的革命热潮，才能鼓动成千成万的群众，形成一个大的力量。上面所述那些所谓"过分"的举动，都是农民在乡村中由大的革命热潮鼓动出来的力量所造成的。这些举动，在农民运动第二时期（革命时期）是非常之需要的。在第二时期内，必须建立农民的绝对权力。必须不准人恶意地批评农会。必须把一切绅权都打倒，把绅士打在地下，甚至用脚踏上。所有一切所谓"过分"的举动，在第二时期都有革命的意义。质言之，每个农村都必须造成一个短时期的恐怖现象，非如此决不能镇压农村反革命派的活动，决不能打倒绅权。矫枉必须过正，不过正不能矫枉。这一派的议论，表面上和前一派不同，但其实质则和前一派同站在一个观点上，依然是拥护特权阶级利益的地主理论。这种理论，阻碍农民运动的兴起，其结果破坏了革命，我们不能不坚决地反对。

所谓"痞子运动"。国民党右派说："农民运动是痞子运动，是惰农运动。"这种议论，在长沙颇盛行。我跑到乡下，听见绅士们说："农民协会可以办，但是现在办事人不行，要换人啦！"这种议论，和右派的话是一个意思，都是说农运可做（因农民运动已起来，无人敢说不可做），但是现在做农运的人不行，尤其痛恨下级农民协会办事人，说他们都是些"痞子"。总而言之，一切从前为绅士们看不起的人，一切被绅士们打在泥沟里，在社会上没有了立足地位，没有了发言权的人，现在居然伸起头来了。不但伸起头，而且掌权了。他们在乡农民协会（农民协会的最下级）称王，乡农民协会在他们手里弄成很凶的东西了。他们举起他们那粗黑的手，加在绅士们头上了。他们用绳子捆绑了劣绅，给他戴上高帽子，牵着游乡（湘潭、湘乡叫游团，醴陵叫游垅）。他们那粗重无情的斥责声，每天都有些送进绅士们的耳朵里去。他们发号施令，指挥一切。他们站在一切人之上——从前站在一切人之下，所以叫做反常。

革命先锋。对于一件事或一种人，有相反的两种看法，便出来相反的两种议论。"糟得很"和"好得很"，"痞子"和"革命先锋"，都是适例。前面说了农民成就了多年未曾成就的革命事业，农民做了国民革命的重要工作。但是这种革命大业，革命重要工作，是不是农民全体做的呢？不是的。农民中有富农、中农、贫农三种。三种状况不同，对于革命的观感也各别。当第一时期，富农耳里听得的是所谓江西一败如水，蒋介石打伤了，坐飞机回广东了。吴佩孚重新占了岳州。农民协会必定立不久，三民主义也兴不起，因为这是所谓从来没有的东西。乡农民协会的办事人，拿了农会的册子，跨进富农的大门，对富农说："请你进农民协会。"富农怎样回答呢？"农民协会吗？我在这里住了几十年，种了几十年田，没有见过什么农民协会，也吃饭。我劝你们不办的好！"富农中态度好点的这样说。"什么农民协会，砍脑壳会，莫害人！"富农中态度恶劣的这样说。新奇得很，农民协会居然成立了好几个月，而且敢于反对绅士。邻近的绅士因为不肯缴鸦片枪，被农民协会捉了去游乡。县城里并且杀了大绅士，例如湘潭的晏容秋，宁乡的杨致泽。十月革命纪念大会，反英大会，北伐胜利总庆祝，每乡都有上万的农民举起大小旗帜，杂以扁担锄头，浩浩荡荡，出队示威。这时，富农才开始惶惑起来。在北伐胜利总庆祝中，他们听见说，九江也打开了，蒋介石没有伤脚，吴佩孚究竟打败了。而且"三民主义万岁"，"农民协会万岁"，"农民万岁"等等，明明都写在"红绿告示"上面。"农民万岁，这些人也算作万岁吗？"富农表示很大的惶惑。农会于是神气十足了。农会的人对富农说："把你们入另册！"或者说："再过一个月，入会的每人会费十块钱！"在这样的形势之下，富农才慢慢地进了农会，有些是缴过五角钱或一块钱（本来只要一百钱）入会费的，有些是托人说情才邀了农会允许的。亦有好些顽固党，至今还没有入农会。富农入会，多把他那家里一个六七十岁的老头子到农会去上一个名字，因为他们始终怕"抽丁"。入会后，也并不热心替农会做事。他们的态度始终是消极的。中农呢？他们的态度是游移的。他们想到革命对他没有什么大的好处。他们锅里有米煮，没有人半夜里敲门来讨账。他们也根据从来有没有的道理，独自皱着眉头在那里想："农民协会果然立得起来吗？""三民主义果然兴得起来吗？"他们的结论是："怕未必！"他们以为这全决于天意："办农民会，晓得天意顺不顺咧？"在第一时期内，农会的人拿了册子，进了中农的门，对着中农说道："请你加入农民协会！"中农回答道："莫性急啦！"一直到第二时期，农会势力大盛，中农方加入农会。他们在农会的表现比富农好，但暂时还不甚积极，他们还要看一看。农会争取中农入会，向他们多作解释工作，是完全必要的。乡村中一向苦战奋斗的主要力量是贫农。从秘密时期到公开时期，贫农都在那里积极奋斗。他们最听共产党的领导。他们和土豪劣绅是死对头，他们毫不迟疑地向土豪劣绅营垒进攻。他们对着富农说："我们早进了农会，你们为什么还迟疑？"富农带着讥笑的声调说道："你们上无片瓦，下无插针之地，有什么不进农会！"的确，贫农们不怕失掉什么。他们中间有很多人，确实是"上无片瓦，下无插针之地"，他们有什么不进农会？据长沙的调查：乡村人口中，贫农占百分之七十，中农占百分之二十，地主和富农占百分之十。百分之七十的贫农中，又分赤贫、次贫二类。全然无业，即既无土地，又无资期金，完全失去生活依据，不得不出外当兵，或出去做工，或打流当乞丐的，都是"赤贫"，占百分之二十。半无业，即略有土地，或略有资金，但吃的多，收的少，终年在劳碌愁苦中过生活的，如手工工人、佃农（富佃除外）、半自耕农等，都是"次贫"，占百分之五十。这个贫农大群众，合共占乡村人口百分之七十，乃是农民协会的中坚，打倒封建势力的先锋，成就那多年未曾成就的革命大业的元勋。

没有贫农阶级（照绅士的话说，没有"痞子"），决不能造成现时乡村的革命状态，决不能打倒土豪劣绅，完成民主革命。贫农，因为最革命，所以他们取得了农会的领导权。所有最下一级农民协会的委员长、委员，在第一第二两个时期中，几乎全数是他们（衡山县乡农民协会职员，赤贫阶层占百分之五十，次贫阶层占百分之四十，穷苦知识分子占百分之十）。这个贫农领导，是非常之需要的。没有贫农，便没有革命。若否认他们，便是否认革命。若打击他们，便是打击革命。他们的革命大方向始终没有错。他们损伤了土豪劣绅的体面。他们打翻了大小土豪劣绅在地上，并且踏上一只脚。他们在革命期内的许多所谓"过分"举动，实在正是革命的需要。湖南有些县的县政府、县党部和县农会，已经做了若干错处，竟有循地主之请，派兵拘捕下级农会职员的。衡山、湘乡二县的监狱里，关了好多个乡农民协会委员长、委员。这个错误非常之大，助长了反动派的气焰。只要看拘捕了农民协会委员长、委员，当地的不法地主们便大高兴，反动空气便大增高，就知道这事是否错误。我们要反对那些所谓"痞子运动"、"惰农运动"的反革命议论，尤其要注意不可做出帮助土豪劣绅打击贫农阶级的错误行动。事实上，贫农领袖中，从前虽有些确是有缺点的，但是现在多数都变好了。他们自己在那里努力禁牌赌，清盗匪。农会势盛地方，牌赌禁绝，盗匪潜踪。有些地方真个道不拾遗，夜不闭户。据衡山的调查，贫农领袖百人中八十五人都变得很好，很能干，很努力。只有百分之十五，尚有些不良习惯。这只能叫做"少数不良分子"，决不能跟着土豪劣绅的口白，笼统地骂"痞子"。要解决这"少数不良分子"的问题，也只能在农会整顿纪律的口号之下，对群众做宣传，对他们本人进行训练，把农会的纪律整好，决不能随便派兵捉人，损害贫农阶级的威信，助长土豪劣绅的气势。这一点是非常要注意的。

三、《中国的红色政权为什么能够存在？》及使用建议

使用说明：适用于第二章第三节"新民主主义革命的道路和基本经验"中的新民主主义革命道路形成的必然性。1928年10月初，毛泽东为湘赣边界党的第二次代表大会写了《政治问题和边界党的任务的决议》，其中《中国的红色政权为什么能够存在？》是该决议的一部分，毛泽东在《中国的红色政权为什么能够存在？》一文的开篇即明确指出："现在国民党新军阀的统治，依然是城市买办阶级和乡村豪绅阶级的统治，对外投降帝国主义，对内以新军阀代替旧军阀，对工农阶级的经济的剥削和政治的压迫比从前更加厉害，全国工农平民以至资产阶级，依然在反革命统治底下，没有得到丝毫政治上经济上的解放。"因此，"中国迫切需要一个资产阶级的民主革命，这个革命必须由无产阶级领导才能完成"。[①]

教师讲解：由于文章原文篇幅较长，不适用全文精读，应在授课教师指导下，进行选段精读，特别是对于中国革命道路形成的必然性认识，也就是回答中国革命为什么走农村包围城市、武装夺取政权的道路，其必然逻辑何在？

原文（节选）：

《中国的红色政权为什么能够存在》[②]

一国之内，在四围白色政权的包围中，有一小块或若干小块红色政权的区域长期地存在，这是世界各国从来没有的事。这种奇事的发生，

---

① 《毛泽东选集》第一卷，北京：人民出版社1991年版，第48页。

② 《毛泽东选集》第一卷，北京：人民出版社1991年版，第48页。

有其独特的原因。而其存在和发展，亦必有相当的条件。第一，它的发生不能在任何帝国主义的国家，也不能在任何帝国主义直接统治的殖民地，必然是在帝国主义间接统治的经济落后的半殖民地的中国。因为这种奇怪现象必定伴着另外一件奇怪现象，那就是白色政权之间的战争。帝国主义和国内买办豪绅阶级支持着的各派新旧军阀，从民国元年以来，相互间进行着继续不断的战争，这是半殖民地中国的特征之一。不但全世界帝国主义国家没有一国有这种现象，就是帝国主义直接统治的殖民地也没有一处有这种现象，仅仅帝国主义间接统治的中国这样的国家才有这种现象。这种现象产生的原因有两种，即地方的农业经济和帝国主义划分势力范围的分裂剥削政策。因为有了白色政权间的长期的分裂和战争，便给了一种条件，使一小块或若干小块的共产党领导的红色区域，能够在四围白色政权包围的中间发生和坚持下来。湘赣边界的割据，就是这许多小块中间的一小块。有些同志在困难和危急的时候，往往怀疑这样的红色政权的存在，而发生悲观的情绪。这是没有找出这种红色政权所以发生和存在的正确的解释的缘故。我们只须知道中国白色政权的分裂和战争是继续不断的，则红色政权的发生、存在并且日益发展，便是无疑的了。第二，中国红色政权首先发生和能够长期地存在的地方，不是那种并未经过民主革命影响的地方，例如四川、贵州、云南及北方各省，而是在1926和1927两年资产阶级民主革命过程中工农兵士群众曾经大大地起来过的地方，例如湖南、广东、湖北、江西等省。这些省份的许多地方，曾经有过很广大的工会和农民协会的组织，有过工农阶级对地主豪绅阶级和资产阶级的许多经济的政治的斗争。所以广州产生过三天的城市民众政权，而海陆丰、湘东、湘南、湘赣边界、湖北的黄安等地都有过农民的割据。至于此刻的红军，也是由经过民主的政治训练和接受过工农群众影响的国民革命军中分化出来的。那些毫未经过民主的政治训练、毫未接受过工农影响的军队，例如阎锡山、张作霖的军队，此时便决然不能分化出可以造成红军的成分来。第三，小地方民众政权之能否长期地存在，则决定于全国革命形势是否向前发展这一个条件。全国革命形势是向前发展的，则小块红色区域的长期存在，不但没有疑义，而且必然地要作为取得全国政权的许多力量中间的一个力量。全国革命形势若不是继续地向前发展，而有一个比较长期的停顿，则小块红色区域的长期存在是不可能的。现在中国革命形势是跟着国内买办豪绅阶级和国际资产阶级的继续的分裂和战争，而继续地向前发展的。所以，不但小块红色区域的长期存在没有疑义，而且这些红色区域将继续发展，日渐接近于全国政权的取得。第四，相当力量的正式红军的存在，是红色政权存在的必要条件。若只有地方性质的赤卫队而没有正式的红军，则只能对付挨户团，而不能对付正式的白色军队。所以虽有很好的工农群众，若没有相当力量的正式武装，便决然不能造成割据局面，更不能造成长期的和日益发展的割据局面。所以"工农武装割据"的思想，是共产党和割据地方的工农群众必须充分具备的一个重要的思想。第五，红色政权的长期的存在并且发展，除了上述条件之外，还须有一个要紧的条件，就是共产党组织的有力量和它的政策的不错误。

四、《关于若干历史问题的决议》及使用建议

使用说明：1945 年，延安杨家岭召开了中共六届七中全会，中共六届七中全会（扩大）上原则通过了《关于若干历史问题的决议》。中共六届七中全会（1944 年 5 月 21 日—1945 年 4 月 20 日）是我们党历史上时间最长的一次中央全会，7 天后，中共七大在杨家岭召开。（注：十七年前召开了中共六大，是我们党历史上间隔时间最长的一

次会议）这份决议是党在探索和推进马克思主义中国化时代化进程中的重要历史节点形成的，它的形成标志着延安整风运动的结束。从1937年到1944年延安没有经历大规模的战争，相对稳定的环境也为这次的整风运动提供了外部保障，为中国共产党集中力量进行马克思主义理论学习，用马克思主义的理论解决历史问题，科学总结党的历史经验提供了客观条件。《关于若干历史问题的决议》的讲述可使用于第一章"毛泽东思想及其历史地位"第一节"毛泽东思想的形成和发展"、第二节"毛泽东思想的主要内容和活的灵魂"、第二章"新民主主义革命理论"等章节。

教师讲解：

（1）讲好《关于若干历史问题的决议》的酝酿与形成的历史过程

恩格斯曾指出："世界不是既成事物的集合体，而是过程的集合体。"[①] 从这一角度，我们不难发现，为了准确理解《关于若干历史问题的决议》，需要我们深刻把握这一决议形成的历史过程，需要我们把研究的视角延伸至历史深处。谈到反思马克思主义中国化经验教训时，毛泽东曾说："从遵义会议以来就在准备"，[②] 据中共七大代表杨国宇的日记记载："历史问题，酝酿了十年，讨论了三年，到今天才成熟"。[③] 在时机和条件日趋成熟之际，以理性自觉的姿态，对党过去24年的历史进行的总体审视和理性审思，以科学总结党的历史及

---

① 《马克思恩格斯全集》第四卷，北京：人民出版社1958年版，第244页。
② 《毛泽东文集》第二卷，北京：人民出版社1993年版，第414页。
③ 《七大代表忆七大》（上），上海：上海人民出版社2006年版，第640页。

其经验的方式，创造性地解决了内在于历史和现实深处的党的思想路线问题，并从党的指导思想的高度确认了"马克思主义中国化"的思想原则及其理论成果——毛泽东思想的历史地位。以此为基础，马克思主义中国化时代化实现了第一次历史性飞跃，为马克思主义在中国特殊历史条件下的运用和发展积淀了宝贵经验并奠定坚实基础。作为一部具有开创性意义的理论文献，《关于若干历史问题的决议》之于马克思主义中国化时代化的影响是深远的，不仅在毛泽东成为全党全国认同的领袖，毛泽东思想在党和国家的指导思想的过程中扮演着关键的角色，起着极为重要的作用。更为重要的是，它与36年后经党的十一届六中全会通过的《关于建国以来党的若干历史问题的决议》、与76年后的《中共中央关于党的百年奋斗重大成就和历史经验的决议》在马克思主义中国化时代化的历史链条上构成了自成一格、且一脉相承的思想方法体系，为马克思主义走向深层中国化搭建了一个坚实的平台。

（2）讲清《关于若干历史问题的决议》的主要内容和核心要义

《关于若干历史问题的决议》分7个部分，总结了建党以来特别是党的六届四中全会至遵义会议前这一段党的历史及其经验教训，阐述了"以毛泽东同志为代表的"正确路线，贯穿了以整风进行党的思想建设。

《关于若干历史问题的决议》对党成立以来尤其是六届四中全会至遵义会议期间中央的领导路线问题作出正式结论。在党的七大预备会上，毛泽东指出，《关于若干历史问题的决议》"主要讲我们党历史上的'左'倾错误，讲党史上一种比较适合于中国人民利益的路线与一种有些适合但有些不适合于中国人民利益的路线的斗争，无产阶级思想同小资产阶级思想的斗争"。他还说"现在大家在研究党的历史，这个研究是必须的。如果不把党的历史搞清楚，不把党在历史上所走的路搞清楚，便不能把事情办得更好"。这反映了我们党研究、回顾党史的一大要旨。土地革命时期出现的 3 次"左"倾特别是第三次"左"倾错误给党和中国革命造成惨重损失，历史教训极其深刻。只有系统地总结这段历史，才能汲取经验教训，统一纷繁芜杂的认识分歧，清除思想蔽障。《关于若干历史问题的决议》在广泛讨论和征求意见的基础上，对六届四中全会至遵义会议期间中央的领导路线问题和以王明为代表的"左"倾教条主义错误的主要表现、危害、原因等做了系统深入的揭露和剖析，对一些重大事件和历史问题，如八七会议、党的六大、六届三中全会和四中全会、第五次反"围剿"失败、遵义会议等也进行了实事求是的分析和评价。这样，通过论述党的历史问题的路线是非，全党对建党以来尤其是六届四中全会至遵义会议期间的发展历程有了比较一致的认识。

《关于若干历史问题的决议》阐述了"以毛泽东同志为代表的"正确路线。《关于若干历史问题的决议》在深入剖析"左"倾错误的同时，高度评价了毛泽东运用马克思列宁主义的理论来解决中国革命问题的杰出贡献，指出中国共产党自诞生以来，"就以马克思列宁主义的普遍真理和中国革命的具体实践相结合为自己一切工作的指针，毛泽东同志关于中国革命的理论和实践便是此种结合的代表"。① "并正确地解决了许多为这次大会所不曾解决或不曾正确地解决的问题，而且在理论上更具体地和更完满地给了中国革命的方向以马克思列宁主义的科学根据。在他的指导和影响之下，红军运动已经逐渐发展成为国内政治的重要因素"。"立三路线"时期，毛泽东"不但始终没有赞成立三路线，而且以极大的忍耐心纠正了红一方面军中的'左'倾错误，因而使江西革命根据地的红军在这个时期内不但没有受到损失，反而利用了当时蒋冯阎战争的有利形势而得到了发展，并在一九三〇年底至一九三一年初胜利地粉碎了敌人的第一次'围剿'"。六届四中全会后，"江西中央区红军在毛泽东同志的正确领导和全体同志的积极努力之下，在六届四中全会后的中央还没有来得及贯彻其错误路线的情况之下，取得了粉碎敌人第二次和第三次'围剿'的巨大胜利"。《关于若干历史问题的决议》特别强调，"在第三次'左'倾路线时期中，以毛泽东同志为代表的主张正确路线的同志们，是同这条'左'倾路线完全对立的"，"遵义会议后，党中央在毛泽东同志领导下的政治路线，是完全正确的"。

《关于若干历史问题的决议》贯穿着以整风进行党的思想建设"新的传统"。中国共产党在历史上曾经开展过多次反对"左"、右倾错误思想的斗争，但由于方法不妥当，"一方面，没有使干部在思想上彻底了解当时错误的原因、环境和改正此种错误的详细办法，以致后来又可能重犯同类性质的错误；另一方面，太看重了个人的责任，未能

---

① 《毛泽东选集》第三卷，北京：人民出版社 1991 年版，第 952 页。

团结更多的人共同工作"。为了正确处理党内矛盾，克服错误倾向，毛泽东明确提出延安整风的宗旨和方针是从团结的愿望出发，"惩前毖后，治病救人"。① 他指出，"这次处理历史问题，不应着重于一些个别同志的责任方面，而应着重于当时环境的分析，当时错误的内容，当时错误的社会根源、历史根源和思想根源，实行惩前毖后、治病救人的方针，借以达到既要弄清思想又要团结同志这样两个目的"。综观《关于若干历史问题的决议》全文，可以看出它很好地贯穿着这一"新的传统"。《关于若干历史问题的决议》强调，"我们党关于党内历史问题的一切分析、批判、争论，是应该从团结出发，而又达到团结的，如果违背了这个原则，那就是不正确的"。《关于若干历史问题的决议》对各次"左"倾路线产生的历史条件和社会根源的分析，以及对过去犯过错误的同志所秉持的实事求是态度，无一不是贯彻这一方针的具体体现。

（3）讲清"一右三左"的错误及影响

使学生们认清民主革命时期，党内连续出现"一右三左"的错误表征及产生错误背后之根源。

中国共产党成立后，在进行艰苦卓绝的革命斗争中取得了伟大的成绩，但同时在某些时期也犯过一些错误。党内连续出现"一右三左"的错误。第一次国内革命战争后期，党内出现了陈独秀为代表的党内右倾机会主义错误。当时，陈独秀放弃对于农民群众、城市小资

---

① 《建党以来重要文献选编（一九二一——一九四九）》第二十二册，北京：中央文献出版社 2011 年版，第 110 页。

产阶级和中等资产阶级的领导权，尤其是放弃对于武装力量的领导权，主张一切联合，否认斗争，以致给党和人民造成极大的损失；之后发生过以瞿秋白、李立三、王明为代表的3次"左"倾错误，其中，以王明为代表的"左"倾教条主义是理论形态最完备、持续时间最长、影响最深、危害最大的一次。在军事上实行"左"倾冒险主义，主张"御敌于国门之外"，与国民党军队大打阵地战，跟敌人拼消耗；在政治上实行"左"倾关门主义，将所有的地主和资产阶级都看成革命的敌人，主张"地主不分田，富农分坏田"，并拒绝与发动"福建事变"的十九路军合作。这一系列"左"倾错误直接导致中央苏区第五次反"围剿"失败，南方各根据地相继丧失，全国红军从30万人减少到3万人、党员从30万人减少到4万人，白区的党组织也几乎损失殆尽。尽管在1935年1月长征途中召开的遵义会议上，博古"左"倾在中央的统治宣告结束，但由于环境和条件的限制，当时只是解决了最迫切的军事问题和组织问题，而思想上、政治上的路线问题并未作出正确的结论。

名句精读：

（1）一方面，没有使干部在思想上彻底了解当时错误的原因、环境和改正此种错误的详细办法，以致后来又可能重犯同类性质的错误；另一方面，太看重了个人的责任，未能团结更多的人共同工作。

（2）这次处理历史问题，不应着重于一些个别同志的责任方面，而应着重于当时环境的分析，当时错误的内容，当时错误的社会根源、历史根源和思想根源，实行惩前毖后、治病救人的方针，借以达到既要弄清思想又要团结同志这样两个目的。

（3）我们党关于党内历史问题的一切分析、批判、争论，是应该从团结出发，而又达到团结的，如果违背了这个原则，那就是不正确的。

（4）产生这次错误路线的原因，是由于李立三同志等不承认革命需要主观组织力量的充分准备，认为"群众只要大干，不要小干"，因而认为当时不断的军阀战争，加上红军运动的初步发展和白区工作的初步恢复，就已经是具备了可以在全国"大干"（武装起义）的条件；由于他们不承认中国革命的不平衡性，认为革命危机在全国各地都有同样的生长，全国各地都要准备马上起义，中心城市尤其要首先发动以形成全国革命高潮的中心，并污蔑毛泽东同志在长期中用主要力量去创造农村根据地，以农村来包围城市，以根据地来推动全国革命高潮的思想，是所谓"极端错误的""农民意识的地方观念与保守观念"。

（5）由于他们（李立三路线）不承认世界革命的不平衡性，认为中国革命的总爆发必将引起世界革命的总爆发，而中国革命又必须在世界革命的总爆发中才能成功；由于他们不承认中国资产阶级民主革命的长期性，认为一省数省首先胜利的开始即是向社会主义革命转变的开始，并因此规定了若干不适时宜的"左"倾政策。在这些错误认识下，立三路线的领导者定出了组织全国中心城市武装起义和集中全国红军进攻中心城市的冒险计划；随后又将党、青年团、工会的各级领导机关，合并为准备武装起义的各级行动委员会，使一切经常工作陷于停顿。

（6）党内一部分没有实际革命斗争经验的犯"左"倾教条主义错误的同志，在陈绍禹（王明）同志的领导之下，却又在"反对立三路线"、"反对调和路线"的旗帜之下，以一种比立三路线更强烈的宗派主义的立场，起来反抗六届三中全会后的中央了。他们的斗争，并不是在帮助当时的中央彻底清算立三路线的思想实质，以及党内从八七会议以来特别是一九二九年以来就存在着而没有受到清算的若干"左"倾思想和"左"倾政策。

（7）第三次"左"倾路线在革命根据地的最大恶果，就是中央所在地区第五次反"围剿"战争的失败和红军主力的退出中央所在地区。"左"倾路线在退出江西和长征的军事行动中又犯了逃跑主义的错误，使红军继续受到损失。党在其他绝大多数革命根据地（闽浙赣区、鄂豫皖区、湘鄂赣区、湘赣区、湘鄂西区、川陕区）和广大白区的工作，也同样由于"左"倾路线的统治而陷于失败。统治过鄂豫皖区和川陕区的张国焘路线，则除了一般的"左"倾路线之外，还表现为特别严重的军阀主义和在敌人进攻面前的逃跑主义。

（8）在思想上：一切政治路线、军事路线和组织路线之正确或错误，其思想根源都在于它们是否从马克思列宁主义的辩证唯物论和历史唯物论出发，是否从中国革命的客观实际和中国人民的客观需要出发。

（9）在党的历史上，曾经有过反对陈独秀主义和李立三主义的斗争，这些斗争，是完全必要的。这些斗争的缺点，是没有自觉地作为改造在党内严重存在着的小资产阶级思想的严重步骤，因而没有在思想上彻底弄清错误的实质及其根源，也没有恰当地指出改正的方法，以致易于重犯错误；同时，又太着重了个人的责任，以为对于犯错误的人们一经给以简单的打击，问题就解决了。党在检讨了六届四中全会以来的错误以后，认为今后进行一切党内思想斗争时，应该避免这种缺点，而坚决执行毛泽东同志的方针。任何过去犯过错误的同志，只要他已经了解和开始改正自己的错误，就应该不存成见地欢迎他，团结他为党工作。即使还没有很好地了解和改正错误，但已不坚持错误的同志，也应该以恳切的同志的态度，帮助他去了解和改正错误。

（10）小资产阶级的思想方法，基本上表现为观察问题时的主观性和片面性，即不从阶级力量对比之客观的全面的情况出发，而把自己主观的愿望、感想和空谈当作实际，把片面当成全面，局部当成全体，树木当作森林。脱离实际生产过程的小资产阶级知识分子，因为只有书本知识而缺乏感性知识，他们的思想方法就比较容易表现为我们前面所说的教条主义。

（11）可见各次尤其是第三次统治全党的"左"倾路线，不是偶然的产物，而是一定的社会历史条件的产物。因此，要克服错误的"左"倾思想或右倾思想，既不能草率从事，也不能操切从事，而必须深入马克思列宁主义的教育，提高全党对于无产阶级思想和小资产阶级思想的鉴别能力，并在党内发扬民主，展开批评和自我批评，进行耐心说服和教育的工作，具体地分析错误的内容及其危害，说明错误之历史的和思想的根源及其改正的办法。这是马克思列宁主义者克服党内错误的应有态度。

（12）团结全党同志如同一个和睦的家庭一样，如同一块坚固的钢铁一样，为着获得抗日战争的彻底胜利和中国人民的完全解放而奋斗。我们党关于党内历史问题的一切分析、批判、争论，是应该从团结出发，而又达到团结的，如果违背了这个原则，那就是不正确的。

五、《论十大关系》及使用建议

使用说明：适用于第四章"社会主义建设道路初步探索的理论成果"的第一节"初步探索的重要理论成果"中的第一目"调动一切积极因素为社会主义事业服务"。《论十大关系》确定的基本方针就是"努力把党内党外、国内国外的一切积极的因素，直接的、间接的积极因素，全部调动起来"[①]，为社会主义建设服务。

教师讲解：通过精读原文向学生讲清楚毛泽东在《论十大关系》中对社会主义建设理论作了多重探索，提出了中国要走适合自己国情的社会主义道路的重大判断，形成了一系列正确和比较正确的理论观点、方针政策和实践经验，通过精读原文向学生讲清楚《论十大关系》在中国社会主义发展史上具有重要的历史贡献和理论价值，是我们党和国家一份珍贵的思想财富。笔者讲述本文时，引导学生深刻理解在全面建设社会主义时期，党对社会主义建设道路的探索历程艰辛，积累了丰富经验和深刻教训。引导学生认识到毛泽东思想和中国特色社会主义理论体系的关系。

① 《毛泽东文集》第七卷，北京：人民出版社1999年版，第44页。

由于文章原文篇幅较长，不适用全文精读，应在授课教师指导下，进行选段精读，其中主要包括《论十大关系》的前五条关系对社会主义经济建设思想的探索；《论十大关系》的后五条对社会主义民主政治建设思想和文化建设思想的探索。

名句精读：

（1）什么是国内外的积极因素？在国内，工人和农民是基本力量。中间势力是可以争取的力量。反动势力虽是一种消极因素，但是我们仍然要作好工作，尽量争取化消极因素为积极因素。在国际上，一切可以团结的力量都要团结，不中立的可以争取为中立，反动的也可以分化和利用。总之，我们要调动一切直接的和间接的力量，为把我国建设成为一个强大的社会主义国家而奋斗。

（2）凡是历史上发生的东西，都要在历史上消灭。因此，共产党总有一天要消灭，民主党派也总有一天要消灭。消灭就是那么不舒服？我看很舒服。共产党，无产阶级专政，哪一天不要了，我看实在好。我们的任务就是要促使它们消灭得早一点。这个道理，过去我们已经说过多次了。

（3）苏联的办法把农民挖得很苦。他们采取所谓义务交售制等项办法，把农民生产的东西拿走太多，给的代价又极低。他们这样来积累资金，使农民的生产积极性受到极大的损害。你要母鸡多生蛋，又不给它米吃，又要马儿跑得好，又要马儿不吃草。世界上哪有这样的道理！我们对农民的政策不是苏联的那种政策，而是兼顾国家和农民的利益。我们的农业税历来比较轻。工农业品的交换，我们是采取缩小剪刀差，等价交换或者近乎等价交换的政策。我们统购农产品是按照正常的价格，农民并不吃亏，而且收购的价格还逐步有所增长。我们在向农民供应工业品方面，采取薄利多销、稳定物价或适当降价的政策，在向缺粮区农民供应粮食方面，一般略有补贴。

原文（节选）：

《论十大关系》①

最近几个月，中央政治局听了中央工业、农业、运输业、商业、财政等三十四个部门的工作汇报，从中看到一些有关社会主义建设和社会主义改造的问题。综合起来，一共有十个问题，也就是十大关系。提出这十个问题，都是围绕着一个基本方针，就是要把国内外一切积极因素调动起来，为社会主义事业服务。过去为了结束帝国主义、封建主义和官僚资本主义的统治，为了人民民主革命的胜利，我们就实行了调动一切积极因素的方针。现在为了进行社会主义革命，建设社会主义国家，同样也实行这个方针。但是，我们工作中间还有些问题需要谈一谈。特别值得注意的是，最近苏联方面暴露了他们在建设社会主义过程中的一些缺点和错误，他们走过的弯路，你还想走？过去我们就是鉴于他们的经验教训，少走了一些弯路，现在当然更要引以为戒。

什么是国内外的积极因素？在国内，工人和农民是基本力量。中间势力是可以争取的力量。反动势力虽是一种消极因素，但是我们仍然要作好工作，尽量争取化消极因素为积极因素。在国际上，一切可以团结的力量都要团结，不中立的可以争取为中立，反动的也可以分化和利用。总之，我们要调动一切直接的和间接的力量，为把我国建设成为一个强大的社会主义国家而奋斗。一是重工业和轻工业、农业的关系。重工业

---

① 《毛泽东文集》第七卷，北京：人民出版社1999年版，第23页。

是我国建设的重点。必须优先发展生产资料的生产，这是已经定了的。但是决不可以因此忽视生活资料尤其是粮食的生产。如果没有足够的粮食和其它生活必需品，首先就不能养活工人，还谈什么发展重工业？所以，重工业和轻工业、农业的关系，必须处理好。在处理重工业和轻工业、农业的关系上，我们没有犯原则性的错误。我们比苏联和一些东欧国家作得好些。像苏联的粮食产量长期达不到革命前最高水平的问题，像一些东欧国家由于轻重工业发展太不平衡而产生的严重问题，我们这里是不存在的。他们片面地注重重工业，忽视农业和轻工业，因而市场上的货物不够，货币不稳定。我们对于农业、轻工业是比较注重的。我们一直抓了农业，发展了农业，相当地保证了发展工业所需要的粮食和原料。我们的民生日用商品比较丰富，物价和货币是稳定的。我们现在的问题，就是还要适当地调整重工业和农业、轻工业的投资比例，更多地发展农业、轻工业。这样，重工业是不是不为主了？它还是为主，还是投资的重点。但是，农业、轻工业投资的比例要加重一点。二是沿海工业和内地工业的关系。我国的工业过去集中在沿海。所谓沿海，是指辽宁、河北、北京、天津、河南东部、山东、安徽、江苏、上海、浙江、福建、广东、广西。我国全部轻工业和重工业，都有约百分之七十在沿海，只有百分之三十在内地。这是历史上形成的一种不合理的状况。沿海的工业基地必须充分利用，但是，为了平衡工业发展的布局，内地工业必须大力发展。在这两者的关系问题上，我们也没有犯大的错误，只是最近几年，对于沿海工业有些估计不足，对它的发展不那么十分注重了。这要改变一下。过去朝鲜还在打仗，国际形势还很紧张，不能不影响我们对沿海工业的看法。现在，新的侵华战争和新的世界大战，估计短时期内打不起来，可能有十年或者更长一点的和平时期。这样，如果还不充分利用沿海工业的设备能力和技术力量，那就不对了。不说十年，就算五年，我们也应当在沿海好好地办四年的工业，等第五年打起来再搬家。从现有材料看来，轻工业工厂的建设和积累一般都很快，全部投产以后，四年之内，除了收回本厂的投资以外，还可以赚回三个厂，两个厂，一个厂，至少半个厂。这样好的事情为什么不做？认为原子弹已经在我们头上，几秒钟就要掉下来，这种形势估计是不合乎事实的，由此而对沿海工业采取消极态度是不对的。这不是说新的工厂都建在沿海。新的工业大部分应当摆在内地，使工业布局逐步平衡，并且利于备战，这是毫无疑义的。但是沿海也可以建立一些新的厂矿，有些也可以是大型的。至于沿海原有的轻重工业的扩建和改建，过去已经作了一些，以后还要大大发展。好好地利用和发展沿海的工业老底子，可以使我们更有力量来发展和支持内地工业。如果采取消极态度，就会妨碍内地工业的迅速发展。所以这也是一个对于发展内地工业是真想还是假想的问题。如果是真想，不是假想，就必须更多地利用和发展沿海工业，特别是轻工业。三是经济建设和国防建设的关系。国防不可不有。现在，我们有了一定的国防力量。经过抗美援朝和几年的整训，我们的军队加强了，比第二次世界大战前的苏联红军要更强些，装备也有所改进。我们的国防工业正在建立。自从盘古开天辟地以来，我们不晓得造飞机，造汽车，现在开始能造了。我们现在还没有原子弹。但是，过去我们也没有飞机和大炮，我们是用小米加步枪打败了日本帝国主义和蒋介石的。我们现在已经比过去强，以后还要比现在强，不但要有更多的飞机和大炮，而且还要有原子弹。在今天的世界上，我们要不受人家欺负，就不能没有这个东西。怎么办呢？可靠的办法就是把军政费用降到一个适当的比例，增加经济建设费用。只有经济建设发展得更快了，国防建设才能够有更大的进步。第二个五年计划期间，要使它降到百分之二十左右，以便抽出更多的资金，多开些工厂，多造些机器。经过一段时间，我们就不但会有很多的飞机和大炮，而且还可能有自己的原子弹。这里也发生这么一个问题，你对原子弹是真正想要、十分想要，还是只有几分想，没有十分想呢？你是真正想要、十分想要，你就降低军政费用的比重，多搞经济建设。你不是真正想要、十分想要，你就还是按老章程办事。这是战略方针的问题，希望军委讨论一下。现在我们把兵统统裁掉好不好？那不好。因为还有敌人，我们还受敌人欺负和包围嘛！我们一定要加强国防，因此，一定要首先加强经济建设。四是国家、生产单位和生产者个人的关系。国家和工厂、合作社的关系，工厂、合作社和生产者个人的关系，这两种关系都要处理好。为此，就不能只顾一头，必须兼顾国家、集体和个人三个方面，也就是我们过去常说的"军民兼顾"、"公私兼顾"。鉴于苏联和我们自己的经验，今后务必更好地解决这个问题。拿工人讲，工人的劳动生产率提高了，他们的劳动条件和集体福利就需要逐步有所改进。我们历来提倡艰苦奋斗，反对把个人物质利益看得高于一切，同时我们也历来提倡关心群众生活，反对不关心群众痛痒的官僚主义。随着整个国民经济的发展，工资也需要适当调整。关于工资，最近决定增加一些，主要加在下面，加在工人方面，以便缩小上下两方面的距离。我们的工资一般还不高，但是因为就业的人多了，因为物价低和稳，加上其它种种条件，工人的生活比过去还是有了很大改善。在无产阶级政权下面，工人的政治觉悟和劳动积极性一直很高。去年年底中央号召反右倾保守，工人群众热烈拥护，奋战三个月，破例地超额完成了今年第一季度的计划。我们需要大力发扬他们这种艰苦奋斗的精神，也需要更多地注意解决他们在劳动和生活中的迫切问题。这里还要谈一下工厂在统一领导下的独立性问题。把什么东西统统都集中在中央或省市，不给工厂一点权力，一点机动的余地，一点利益，恐怕不妥。中央、省市和工厂的权益究竟应当各有多大才适当，我们经验不多，还要研究。从原则上说，统一性和独立性是对立的统一，要有统一性，也要有独立性。比如我们现在开会是统一性，散会以后有人散步，有人读书，有人吃饭，就是独立性。如果我们不给每个人散会后的独立性，一直把会无休止地开下去，不是所有的人都要死光吗？个人是这样，工厂和其它生产单位也是这样。各个生产单位都要有一个与统一性相联系的独立性，才会发展得更加活泼。再讲农民。我们同农民的关系历来都是好的，但是在粮食问题上曾经犯过一个错误。一九五四年我国部分地区因水灾减产，我们却多购了七十亿斤粮食。这样一减一多，闹得去年春季许多地方几乎人人谈粮食，户户谈统销。农民有意见，党内外也有许多意见。尽管不少人是故意夸大，乘机攻击，但是不能说我们没有缺点。调查不够，摸不清底，多购了七十亿斤，这就是缺点。我们发现了缺点，一九五五年就少购了七十亿斤，又搞了一个"三定"，就是定产定购定销，加上丰收，一少一增，使农民手里多了二百多亿斤粮食。这样，过去有意见的农民也说"共产党真是好"了。这个教训，全党必须记住。苏联的办法把农民挖得很苦。他们采取所谓义务交售制等项办法，把农民生产的东西拿走太多，给的代价又极低。他们这样来积累资金，使农民的生产积极性受到极大的损害。你要母鸡多生蛋，又不给它米吃，又要马儿跑得好，又要马儿不吃草。世界上哪有这样的道理！我们对农民的政策不是苏联的那种政策，而是兼顾国家和农民的利益。我们的农业税历来比较轻。工农业品的交换，我们是采取缩小剪刀差，等价交换或者近乎等价交换的政策。我们统购农产品是按照正常的价格，农民并不吃亏，而且收购的价格还逐步有所增长。我们在向农民供应工业品方面，采取薄利多销、稳定物价或适当降价的政策，在向缺粮区农民供应粮食方面，一般略有补贴。但是就是这样，如果粗心大意，也还是会犯这种或那种错误。鉴于苏联在这个问题上犯了严重错误，我们必须更多地注意处理好国家同农民的关系。合作社同农民的关系也要处理好。在合作社的收入中，国家拿多少，合作社拿多少，农民拿多少，以及怎样拿法，都要规定得适当。合作社所拿的部分，都是直接为农民服务的。生产费不必说，管理费也是必要的，公积金是为了扩大再生产，公益金是为了农民的福利。但是，这几项各占多少，应当同农民研究出一个合理的比例。生产费管理费都要力求节约。公积金公益金也要有个控制，不能希望一年把好事都做完。除了遇到特大自然灾害以外，我们必须在增加农业生产的基础上，争取百分之九十的社员每年的收入比前一年有所增加，百分之十的社员的收入能够不增不减，如有减少，也要及早想办法加以解决。总之，国家和工厂，国家和工人，工厂和工人，国家和合作社，国家和农民，合作社和农民，都必须兼顾，不能只顾一头。无论只顾哪一头，都是不利于社会主义，不利于无产阶级专政的。这是一个关系到六亿人民的大问题，必须在全党和全国人民中间反复进行教育。一共讲了十点。这十种关系，都是矛盾。世界是由矛盾组成的。没有矛盾就没有世界。我们的任务，是要正确处理这些矛盾。这些矛盾在实践中是否能完全处理好，也要准备两种可能性，而且在处理这些矛盾的过程中，一定还会遇到新的矛盾，新的问题。但是，像我们常说的那样，道路总是曲折的，前途总是光明的。我们一定要努力把党内党外、国内国外的一切积极的因素，直接的、间接的积极因素，全部调动起来，把我国建设成为一个强大的社会主义国家。

六、《关于建国以来党的若干历史问题的决议》及使用建议

使用说明：本文适用于第一章第二节"毛泽东思想的主要内容和活的灵魂"、第三节"毛泽东思想的历史地位"等内容。由于《关于

建国以来党的若干历史问题的决议》在《毛泽东思想和中国特色社会主义理论体系概论》教材中发挥承上启下的作用，其理论地位、历史地位十分重要，应该被学生系统学习和掌握，但在"毛泽东思想"这部分教学中并不建议学生小组研讨交流并在课堂汇报此篇文章，在此处需将毛泽东思想的主要内容及毛泽东思想的历史地位讲清，而系统学习《关于建国以来党的若干历史问题的决议》和学生小组课堂汇报应安排在"邓小平理论"部分展开更为合理。

教师讲解：1981 年 6 月 27 日中共十一届六中全会通过的《关于建国以来党的若干历史问题的决议》，这篇文献在马克思主义中国化时代化的进程中发挥着关键作用，《关于建国以来党的若干历史问题的决议》在《毛泽东思想和中国特色社会主义理论体系概论》教材中的地位特殊，发挥承前启后、承上启下的关键作用。带领学生研读这篇经典文献对于学习"毛泽东思想和中国特色社会主义理论体系概论"课程十分必要。（一）讲清毛泽东思想的主要内容和活的灵魂。《中国共产党中央委员会关于建国以来党的若干历史问题的决议》坚持马克思主义的辩证逻辑，运用思辨性思维，对新中国成立后近 30 年的历史作出深入剖析，一是它对毛泽东思想的主要内容作出了更加全面、完整、系统的科学概括和阐述，明确界定了毛泽东思想科学体系的主要内容：（1）关于新民主主义革命；（2）关于社会主义革命和社会主义建设；（3）关于革命军队的建设和军事战略；（4）关于政策和策略；（5）关于思想政治工作和文化工作；（6）关于党的建设。二是它交代清楚了毛泽东思想的活的灵魂的主要内容，活的灵魂是贯穿于上述各个组成部分的立场、观点和方法，它们有三个基本方面，即实事求是、群众路线、独立自主。《中国共产党中央委员会关于建国以来党的若干历史问题的决议》是至今对毛泽东思想科学体系基本内容作出的最系统地完整地科学地概括，在《毛泽东思想和中国特色社会主义理论体系概论》教材中也得以充分体现。（二）如何评价毛泽东和毛泽东思想？即毛泽东思想的历史地位。回答这一问题不可绕开的就是"文化大革命"。马克思主义认为，革命是生产力与生产关系之间的对抗或矛盾，而"文化大革命"虽被称之为革命，但不具备任何革命的意义和价值，正如《胡乔木谈中共党史》中这样一段记述："对'文化大革命'，不能承认它有任何革命的意义。"[1]"我们断定它在任何意义上都不能算是革命，虽然是一句话，但否定得斩钉截铁。"[2]党的十一届六中全会通过的《关于建国以来党的若干历史问题的决议》对毛泽东和毛泽东思想的历更地位作出了科学的、实事求是的评价，对于统一全党的认识起到了重要作用，得到了全党的拥护。习近平在毛泽东同志诞辰120周年座谈会上谈道："革命领袖是人不是神。尽管他们拥有很高的理论水平、丰富的斗争经验、卓越的领导才能，但这并不意味着他们的认识和行动可以不受时代条件限制。不能因为他们伟大就把他们像神那样顶礼膜拜，不容许提出并纠正他们的失误和错误，也不能因为他们有失误和错误就全盘否定，抹杀他们的历史

---

① 《胡乔木传》编写组编：《胡乔木谈中共党史》（修订版），北京：人民出版社2015年版，第76页。

② 《胡乔木传》编写组编：《胡乔木谈中共党史》（修订版），北京：人民出版社2015年版，第137—139页。

功绩，陷入虚无主义的泥潭。"[1]

选段精读：

（1）毛泽东同志是伟大的马克思主义者，是伟大的无产阶级革命家、战略家和理论家。他虽然在"文化大革命"中犯了严重错误，但是就他的一生来看，他对中国革命的功绩远远大于他的过失。他的功绩是第一位的，错误是第二位的。他为我们党和中国人民解放军的创立和发展，为中国各族人民解放事业的胜利，为中华人民共和国的缔造和我国社会主义事业的发展，建立了永远不可磨灭的功勋。他为世界被压迫民族的解放和人类进步事业作出了重大的贡献。

（2）以毛泽东同志为主要代表的中国共产党人，根据马克思列宁主义的基本原理，把中国长期革命实践中的一系列独创性经验作了理论概括，形成了适合中国情况的科学的指导思想，这就是马克思列宁主义普遍原理和中国革命具体实践相结合的产物——毛泽东思想。在一个半殖民地、半封建的东方大国里进行革命，必然遇到许多特殊的复杂问题。靠背诵马克思列宁主义一般原理和照搬外国经验，不可能解决这些问题。主要在 20 世纪 20 年代后期和 30 年代前期在国际共产主义运动中和我党内盛行的把马克思主义教条化、把共产国际决议和苏联经验神圣化的错误倾向，曾使中国革命几乎陷于绝境。毛泽东思想是在同这种错误倾向作斗争并深刻总结这方面的历史经验的过程中逐渐形成和发展起来的。它在土地革命战争后期和抗日战争时期

---

① 习近平：《在纪念毛泽东同志诞辰 120 周年座谈会上的讲话》，北京：人民出版社 2013 年版，第 12 页。

得到系统总结和多方面展开而达到成熟，在解放战争时期和中华人民共和国成立以后继续得到发展。毛泽东思想是马克思列宁主义在中国的运用和发展，是被实践证明了的关于中国革命的正确的理论原则和经验总结，是中国共产党集体智慧的结晶。我党许多卓越领导人对它的形成和发展都作出了重要贡献，毛泽东同志的科学著作是它的集中概括。

第三章

马克思主义中国化经典著作融入
"毛泽东思想和中国特色社会主义理论体系概论"
课程教学的实践过程研究之邓小平理论篇

　　《毛泽东思想和中国特色社会主义理论体系概论》2023 版教材中的第五章是新增章节，即"中国特色社会主义理论体系的形成发展"，这一章节的地位比较特别，要讲清楚中国特色社会主义理论体系的历史逻辑、理论逻辑、实践逻辑，特别需要说明的是习近平新时代中国特色社会主义思想包含在中国特色社会主义理论体系之中，第五章既统领了本教材的第六章"邓小平理论"、第七章"'三个代表'重要思想"、第八章"科学发展观"，也为"习近平新时代中国特色社会主义思想概论"课程的讲授奠定了历史及理论基础，可能有的同学会有疑惑，既然习近平新时代中国特色社会主义思想是中国特色社会主义理论体系的组成部分，为什么要将"习近平新时代中国特色社会主义思想概论"作为单独一门课程讲授呢？这是因为它是马克思主义中国化

时代化的最新成果，也是新时代铸魂育人的核心课程。^①

"中国特色社会主义理论体系"这一科学概念在党的十七大上被正式提出，根据党的十九大、二十大的精神，中国特色社会主义理论体系包括了改革开放以来在实践中相继形成的邓小平理论、"三个代表"重要思想、科学发展观以及习近平新时代中国特色社会主义思想。在这一部分教学中，需要注意以下两方面的教学重点。

一是帮助学生深刻认识马克思主义中国化时代化的理论成果是一脉相承又与时俱进的关系。历史发展是连续性和阶段性的统一，一个时期有一个时期的历史使命和任务，一代人有一代人的历史担当和责任。对照到马克思主义中国化时代化这一命题时，要准确把握中国化时代化马克思主义的历史逻辑，不能割裂马克思主义中国化时代化理论成果间的内在联系、要讲清楚中国化时代化马克思主义理论成果脉相承又与时俱进的关系，毛泽东思想所蕴含的马克思主义的立场、观点和方法，为中国特色社会主义理论体系提供了基本遵循。实事求是、群众路线、独立自主既是毛泽东思想活的灵魂，也是中国共产党人一以贯之的立场、观点和方法，这些都贯穿于中国特色社会主义的全部理论体系之中。

二是马克思主义中国化时代化不同历史时期的基本问题不同但其全部历史主题却始终不曾动摇。党的十九届六中全会中习近平总书记庄严宣告："一百年来，中国共产党团结带领中国人民进行的一切

---

① 本教材编写组：《〈毛泽东思想和中国特色社会主义理论体系概论〉（2023 年版）修订说明和教学建议》，《思想理论教育导刊》，2023 年第 3 期。

奋斗、一切牺牲、一切创造，归结起来就是一个主题：实现中华民族伟大复兴。"我们党在不同历史阶段的时代课题、基本问题共同支撑着实现中华民族伟大复兴的"中国梦"。为了实现中华民族伟大复兴，在不同历史时期，党通过透过纷繁复杂的社会现象，科学判断且精准定位了各个历史阶段的社会主要矛盾，以此为依据确定党团结带领人民奋斗的主要任务和基本路线，具体来说，在新民主主义革命时期，社会矛盾呈现错综复杂的状况，在诸多社会矛盾中，占支配地位的是主要矛盾是帝国主义和中华民族的矛盾、封建主义和人民大众的矛盾，其中帝国主义和中华民族的矛盾是最主要的矛盾，故此，党带领中国人民的革命任务就是如何推翻帝国主义封建主义、官僚资本主义三座大山，如何建立新中国；在社会主义革命时期，由于存在三种不同性质的经济成分，与之相联系存在三种基本的阶级力量，就集中表现为社会主义和资本主义两条道路、工人阶级和资产阶级两个阶级的矛盾，后期土地改革基本完成，工人阶级和资产阶级的矛盾逐步成为我国社会的主要矛盾，正是依据于此，在党的七届二中全会提出了使中国"稳步地由农业国转变为工业国"，"由新民主主义国家转变为社会主义国家"的两个转变的思想，到了1953年6月，毛泽东在中央政治局会议上正式提出过渡时期的总路线和总任务，同年12月形成了关于总路线的完整表述。在社会主义建设时期，如何进行社会主义建设，党的八大对于社会主要矛盾做出了科学的判断，指出："社会主义制度在我国已经基本上建立起来了，我们国内的主要矛盾已经不再是工人阶级和资产阶级的矛盾，而是人民对于经济文化迅速发展的需要同当前经济文化不能满足人民需求的状况之间的矛盾。[①]据此，中央提出，全国人民的主要任务是集中力量发展社会生产力，实现国家工业化、逐步满足人民日益增长的物质和文化需要；在改革开放和社会主义现代化建设新时期，党团结带领人民紧扣社会主要矛盾这一主题，系统回答了什么是社会主义、如何建设社会主义；在跨世纪发展中，回答了建设什么样的党、如何建设党；在新世纪新阶段中，回答了实现什么样的发展、如何发展；在中国特色社会主义新时代，回答了坚持和发展什么样的中国特色社会主义、怎样坚持和发展中国特色社会主义，建设什么样的社会主义现代化强国、怎样建设社会主义现代化强国，建设什么样的长期执政的马克思主义政党、怎样建设长期执政的马克思主义政党这一系列基本问题。以上，不同历史时期的不同基本问题，都是为了实现一个历史主题，即中华民族伟大复兴。要学生讲清这一观点，运用历史的穿透力和时代的感召力强化青年大学生的使命担当。

第一节　邓小平的理论著作融入"毛泽东思想和中国特色社会主义理论体系概论"课程的必要性研究

　　理论只有彻底才能征服人。经典著作的说服力极强，通过阅读能够达到解放人的思想高度。系统地深刻地研读马克思主义经典著作、

---

① 《毛泽东思想和中国特色社会主义理论体系概论》，北京：高等教育出版社 2023 版，第 98—99 页。

马克思主义中国化经典著作是思政课教师的"看家本领",只有建立在系统钻研著作基础上,才能在课堂上向学生传递真理之光、真理力量。在本部分教学中应善于使用《邓小平文选》(第一、二、三卷)《邓小平年谱(1904—1974)》《邓小平年谱(1975—1997)》等经典著作,它们体现着邓小平及那一代中国共产党人的经验及理论探索的成果,凝结了党和人民的集体智慧,总结了我国社会主义建设的历史经验和改革开放的新鲜经验。

　　将邓小平的理论著作融入"邓小平理论"教学中,是取得良好教学效果的必要前提,这就需要思政课教师正确处理邓小平的理论著作与教材中"邓小平理论"之间的关系,必须始终坚持以课程教材为主、以邓小平的理论著作为辅的基本原则,且从始至终必须遵循这个总原则。通过研究教材可知,本章的教学重点有二:一是在于深刻理解和把握邓小平理论首要的基本的理论问题;二是建立在掌握邓小平理论主要内容的基础上把握邓小平理论之精髓,因为精髓对于理论而言,就是指使这一理论得以形成和发展并贯彻始终,同时又体现这一理论中最本质的东西。解放思想、实事求是就是邓小平理论的精髓。基于此,笔者在 2023 年春季教学中,选择了《解放思想,实事求是,团结一致向前看》①《在武昌、深圳、珠海、上海等地的谈话要点》②《在纪念邓小平同志诞辰 110 周年座谈会上的讲话》以及 1981 年十一届六中全会通过的《关于建国以来党的若干历史问题的决议》四篇文章

---

① 《邓小平文选》第二卷,北京:人民出版社 1994 年第 2 版。
② 《邓小平文选》第三卷,北京:人民出版社 1993 年版。

中最具有代表性观点的段落及文字，带领学生真正感受马克思主义中国化经典著作的跨越时空的魅力。

第二节　邓小平的理论著作融入"毛泽东思想和中国特色社会主义理论体系概论"课程的具体步骤

一、课前的恰当选文、选段

贯彻马克思主义中国化经典著作融入"毛泽东思想和中国特色社会主义理论体系概论"课程的基本原则，是为了提高思政课的实效性和针对性。首先需要思政课教师在课前进行恰当选文、选段。根据《毛泽东思想和中国特色社会主义理论体系概论》2023 版教材中，第六章阐述"邓小平理论"，具体分为三节。第一节主要讲述"邓小平理论首要的基本的理论问题和精髓"，值得关注的是，"邓小平理论的精髓"是 2023 版新增内容，而某一理论或思想的精髓问题，在毛泽东思想中涉及"毛泽东思想的精髓"问题。就某一理论而言，精髓是体现这一理论最本质的东西，且能贯穿于理论的形成、成熟和发展的始终，能贯串于理论各个组成部分的立场、观点和方法。实事求是是毛泽东思想的基本点，是毛泽东思想的精髓，贯穿于毛泽东思想的各个理论组成部分，成为指导中国共产党人认识世界、改造世界的思想路线。而解放思想、实事求是贯穿邓小平理论形成发展的全过程。首先，有力推动和保证了拨乱反正的进行。党的十一届三中全会批评了"两个凡是"的错误方针，重新确立了党的思想路线，坚持解放思想、实事求是，果断地做出了把党和家工作重点转移到社会主义现代化建设上来的战略决策。其次，明确提出坚持走自己的路。1978 年底，邓小平在《解放思想、实事求是，团结一致向前看》中深刻指出："一个党，一个国家，一个民族如果一切从本本出发，思想僵化，迷信盛行，那它就不能前进，它的生机就停止了，就要亡党亡国。"① 并强调，"这是毛泽东同志在整风运动中反复讲过的"②。解放思想、实事求是，破除了各类僵化模式，坚持走自己的路。"把马克思主义的理同我国的具体实际结合起来，走自己的道路，建设有中国特色的社会主义，这就是我们总结长期历史经验得出的基本结论。"③ 这个基本结论在探索建设社会主义道路的过程中获得了思想上的大解放。再次，坚持一切从社会主义初级阶段出发。党的十三大报告中明确提出："对这个问题，我们党已经有了明确的回答：我国正处在社会主义的初级阶段。这个论断，包括两层含义。第一，我国社会已经是社会主义社会。我们必须坚持而不能离开社会主义。第二，我国的社会主义社会还处在初级阶段。我们必须从这个实际出发，而不能超越这个阶段。"邓小平强调："一切都要从这个实际出发，根据这个实际来制定规划"。④

　　第二节介绍邓小平理论的主要内容，分为七部分，一是介绍社会主义初级阶段理论和党的基本路线，二是阐述社会主义根本任务和发

---

① 《邓小平文选》第二卷，北京：人民出版社 1994 年第 2 版，第 143 页。

② 《邓小平文选》第二卷，北京：人民出版社 1994 年第 2 版，第 143 页。

③ 《邓小平文选》第三卷，北京：人民出版社 1993 年版，第 3 页。

④ 《邓小平文选》第三卷，北京：人民出版社 1993 年版，第 252 页。

展战略理论；三是社会主义改革开放和社会主义市场经济理论；四是"两手抓、两手都要硬"；五是"一国两制"与祖国统一；六是中国特色社会主义外交和国际战略；七是党的建设理论。该部分是本章的教学重点及难点所在，特别是本节的前三目。其中，第一目社会主义初级阶段理论和党的基本路线是重中之重，因为正确认识党和人民事业所处的历史方位和发展阶段，是党明确阶段性中心任务、制定路线方针政策的根本依据，也是党领导革命、建设、改革不断取得胜利的重要经验。1987年党的十三大报告中，系统阐述了社会主义初级阶段的科学内涵，明确了社会主义初级阶段包括两层含义：从性质上看，我国社会已经是社会主义社会，我们必须坚持而不能离开社会主义。从发展程度上看，我国的社会主义社会还处在初级阶段，我们必须从这个实际出发，而不能超越这个阶段。基于此，党的十三大上进一步明确提出了党在社会主义初级阶段的基本路线："领导和团结全国各族人民，以经济建设为中心，坚持四项基本原则，坚持改革开放，自力更生，艰苦创业，为把我国建设成为富强、民主、文明的社会主义现代化国家而奋斗。"①谈到经济建设为中心时，邓小平明确指出："离开了经济建设这个中心，就有丧失物质基础的危险。其他一切任务都要服从这中心，围绕这个中心，绝不能干扰它，冲击它。过去二十多年，我们在这方面的教训太沉痛。"②这段话是1980年1月邓小平同志在《目前的形势和任务》中谈到的，只有以经济建设为中

---

① 《邓小平文选》第三卷，北京：人民出版社1993年版，第379—380页。
② 《邓小平文选》第二卷，北京：人民出版社1994年第2版，第250页。

心才能满足人民对美好生活的热切向往，如果没有更高水平的生产力和更为坚实的物质基础，人民对美好生活的向往就是无源之水、无本之木，我们在这方面是有深刻的教训的。同时，这也是符合马克思主义基本原理，物质生产是全部社会生活的根本前提，生产力是推动社会进步的最活跃、最革命的要素。正如马克思、恩格斯在《共产党宣言》所指出的那样：无产阶级夺取政权以后，要大力发展生产力，"并且尽可能快地增加生产力的总量"[①]。在我国这样经济文化比较落后的条件下建设社会主义，发展生产力尤为重要和迫切。我国进入社会主义社会以后，党领导各族人民进行社会主义建设取得了很大的成就，也经历了曲折。党的十一届三中全会以后，中国共产党做出了"解放和发展社会生产力，增强社会主义国家的综合国力，是社会主义的本质要求和根本任务"的重大判断。

第三节介绍了"邓小平理论的历史地位"。可以将《在纪念邓小平同志诞辰 110 周年座谈会上的讲话》融入邓小平理论的历史地位中进行讲述。第三节教学目的在于向学生讲述清楚邓小平理论是对马克思列宁主义、毛泽东思想在新的历史条件下的承和发展，是中国特色社会主义理论体系的开篇之作，对改革开放和社会主义现代化建设具有长远的指导意义。正如习近平总书记在《在纪念邓小平同志诞辰 110 周年座谈会上的讲话》一文中明确指出的那样："邓小平同志对党和人民的贡献，是历史性的，也是世界性的。正是由于有邓小平同志的卓越领导，正是由于有邓小平同志大力倡导和全力推进的改革开

---

① 《马克思恩格斯选集》第一卷，北京：人民出版社 2012 年版，第 421 页。

放，中国特色社会主义才能欣欣向荣，中国人民才能过上小康生活，中华民族和中华人民共和国才能以新的姿态屹立于世界东方。"

二、课中教师进行详解

由任课教师在开列相关的参考书目，并明确课后阅读计划与要求。在 2023 年春季教学中，笔者向学生提供了《解放思想，实事求是，团结一致向前看》《在武昌、深圳、珠海、上海等地的谈话要点》《关于建国以来党的若干历史问题的决议》三篇文章。在课堂上向学生简单介绍这些光辉文献形成背景，在学生课后阅读原著的基础上，教师汇集学生所提出的疑难问题与热点问题，组织课堂讨论，由任课教师解答疑惑，并作课堂总结。具体到第六章"邓小平理论"问题上笔者做了如下安排：

首先，讲清历史线索。经历了"文化大革命"十年的"左"的禁锢，又经历了 1976—1978 的两年踌躇徘徊时期，"中国向何处去"的问题成为摆在中国人民面前等重要的问题。邓小平以他的远见卓识、丰富政治经验、高超领导艺术，重新强调了实事求是毛泽东思想的这一精髓，旗帜鲜明反对"两个凡是"的错误观点，支持和领导开展真理标准问题的讨论，推动进行各方面的拨乱反正。在 1978 年 12 月召开的党的十一届三中全会，重新确立了实事求是的思想路线，彻底否定了"以阶级斗争为纲"的错误理论和实践，确定把全党工作的着重点转移到社会主义现代化建设上来，做出实行改革开放的重大决策，实现了党的历史上具有深远意义的伟大转折。

其次，讲清理论线索。需要认清中国发展的历史方位。正确认识党和人民事业所处的历史方位和发展阶段，是我们党明确阶段性中心任务、制定路线方针政策的根本依据，也是我们党领导革命、建设、改革不断取得胜利的重要经验。改革开放和社会主义现代化建设新时期，党面临的主要任务是，继续探索中国建设社会主义的正确道路，解放和发展社会生产力，使人民摆脱贫困、尽快富裕起来，为实现中华民族伟大复兴提供充满新的活力的体制保证和快速发展的物质条件。如何科学认识和判断所处历史方位和发展阶段，是我国社会主义建设必须解决的重大理论问题和实践问题。党对此做出过艰辛探索，改革开放后，以邓小平同志为主要代表的中国共产党人深刻总结世界社会主义特别是我国社会主义建设正反两方面经验，做出我国正处于并将长期处于社会主义初级阶段的重大判断，并据此提出了党在社会主义初级阶段的基本路线，开辟了改革开放和社会主义现代化建设的崭新局面。

再次，讲清实践线索。1978年党的十一届三中全会后，以邓小平同志为主要代表的中国共产党人以巨大的政治勇气和理论勇气，重新确立实事求是的思想路线。1981年，在党的十一届六中全会上，科学评价毛泽东和毛泽东思想，彻底否定"以阶级斗争为纲"的错误理论和实践，做出把党和国家工作中心转移到经济建设上来、实行改革开放的历史性决策，党的十二大明确了走自己的路，建设有中国特色的社会主义前进方向。中国的改革开放，率先从农村实行家庭联产承包责任制突破，逐步转向城市经济体制改革并全面铺开，确立社会主义市场经济的改革方向，坚决推进经济体制改革，探索公有制为主体、多种所有制经济共同发展按劳分配为主体、多种分配方式并存的经济制度。同时进行政治、文化、社会等各领域体制改革，推进党的建设制度改革，把对外开放确立为基本国策，兴办深圳、珠海、汕头、厦门、海南等经济特区，推动沿海港口城市开放，不断形成和发展符合当代中国国情、充满生机活力的体制机制。建设中国特色社会主义必须有适应实践要求的新理论来指导。邓小平指出："我们现在所干的事业是一项新事业，马克思没有讲过，我们的前人没有做过，其他社会主义国家也没有干过，所以，没有现成的经验可学。我们只能在于中学，在实践中摸索。"①

三、课中学生汇报展示

期待学生能够学有所获，是每一名教师的心愿。将邓小平的理论著作融入课程中，学生获得了较大的自由求学时间与空间，有利于创新思维和独立分析问题能力的培养，使他们在深刻理解问题的基础上，自觉地接受马列主义、毛泽东思想以及中国特色社会主义理论的教育，使他们更加深刻感受到了崇敬领袖光辉思想，摆脱死记硬背、枯燥理论的困扰，克服应试教育的弊端。学生汇报围绕经典著作的写作背景、主要内容、精选名句及现实启示四大部分构成。通过学生研究经典著作及文献的形成过程，下面是笔者在教学过程中，学生的分享展示成果。本组特点与亮点在于，他们能够将邓小平理论著作中蕴

① 《邓小平文选》第三卷，北京：人民出版社 1993 年版，第 258 页。

含的立场、观点和方法与个人专业和前途紧密结合，恰当地运用邓小平理论的精髓指导具体实践。

《在武昌、深圳、珠海、上海等地的谈话要点》课堂展示汇报

第十小组

小组组长：郭予良

资料收集与整理：张晨、刘伟中、孙亚东

PPT 制作与讲述：陈旭颖、尤瑛圻、郭予良

邓小平南方谈话发生在 1992 年 1 月 18 日—2 月 21 日。当时已正式告别中央领导岗位的党的第二代领导核心、改革开放的总设计师邓小平，以普通党员的身份，带着对党和人民伟大事业的深切期待，先后赴武昌、深圳、珠海和上海视察，沿途发表了重要谈话。

一、时代背景

从国内背景上看，20 世纪 80 年代末、90 年代初期，中国的经济体制改革与对外开放实践面临严重的困境，改革开放在理论上遭遇诸多难题的困扰。首先，经济运行中存在的深层次问题尚未得到根本解决，在治理整顿期间，经济发展速度有所放缓，在指导思想上则面临着冲击和动摇党在社会主义初级阶段基本路线的危险。其次，经济体制改革陷入停滞甚至局部倒退的困境，在理论上面临被从根本上否定的危险。再次，对外开放举步维艰，在理论上遭遇重重责难。

从国际背景上看，刚刚经历了 1989 年政治风波的中国，许多事情尚未理顺头绪，接连又遭遇苏联解体、东欧剧变，偌大的一个社会主义大家庭，顷刻间不战自溃，纷纷倒旗落马。美国等西方国家对我

国实行经济制裁，企图达到"和平演变"的目的。

在国际国内形势非常严峻的情况下，严峻的事实引人深思：今后世界发展方向在哪里？社会主义命运将会如何？中国今后怎么办？若中国不迅速摆脱这种困境，找到正确的前进方向，那么，党的十一届三中全会以来中国共产党确立的正确路线就会被扭曲，党的十三大确立的社会主义初级阶段的基本路线就会被扭转，中国现代化"三步走"的战略就会被中止，社会主义改革开放事业就会中途搁置，中国共产党领导中国人民开创的社会主义现代化建设新局面就会中途葬送。

在这关键时刻，邓小平作为中国改革开放的总设计师，勇敢地站出来，他坚决指出："不坚持社会主义，不改革开放，不发展经济，不改善人民生活，只能是死路一条"。他力排众议，拨正船头，引导建设有中国特色社会主义的航船驶向光明的彼岸。

二、《在武昌、深圳、珠海、上海等地的谈话要点》的主要内容及核心观点摘录

（一）主要内容

南方谈话的主要内容是强调深化改革、加速发展的必要性和重要性。改革的必要性和重要性：邓小平指出"改革是中国的第二次革命"，这一论断的含义是指改革也是解放生产力、改革是对原有经济体制的根本性变革、改革引起社会生活各方面的深刻变化、改革是社会主义发展的动力。邓小平认为关于计划和市场都是经济手段的思想，而社会主义市场经济理论的内涵包括市场经济是资源配置的一种方式、市场经济不具有社会制度的属性、市场调节可以与计划调节相结合市场经济更有利于促进生产力的发展、市场经济可以与公有制相结合。社会主义的本质是，解放生产力，发展生产力，消灭剥削，消除两极分化，最终达到共同富裕。

（二）核心内容

邓小平南方谈话，共 6 个部分、18 个方面近万字，贯穿其中的一个核心问题，就是要坚持党的基本路线不动摇，这是讲话的灵魂。

一是革命是解放生产力，改革也是解放生产力。坚持党的十一届三中全会以来的路线方针，关键是坚持党的"一个中心、两个基本点"的基本路线，百年不动摇。

二是加快改革开放步伐，不要围绕"资"姓还是"社"姓的问题进行讨论。改革开放的判断标准主要看是否有利于社会主义社会生产力的发展，有利于社会主义国家综合国力的增强，有利于人民生活水平的提高。现在要警惕右，但主要是防止"左"。计划和市场不是社会主义和资本主义的本质区别。

三是发展才是硬道理，要抓住有利时机，集中精力提高经济建设。发展经济要靠科技和教育，科技是第一生产力。

四是两手抓，双手硬。邓小平说，要坚持两手抓，一手抓改革开放，一手抓打击各种犯罪活动。这两只手都要硬。在改革开放的全过程中，要始终注意坚持四个基本原则，反对资产阶级自由化。

五是正确政治路线有正确组织路线保证。按照"革命化、年轻化、知识化、专业化"标准选拔人才进入领导层。反对形式主义，必须勤奋学习马克思列宁，卓有成效。

六是坚持社会主义信念，社会主义在经历曲折发展过程后，必然取代资本主义，这是历史发展的总体趋势。邓小平说，一些国家出现严重曲折，社会主义好像被削弱了，但人民经受锻炼，从中吸取教训，将促使社会主义向着更加健康的方向发展。

（三）文章金句

"不坚持社会主义，不改革开放，不发展经济，不改善人民生活，就没有出路"，"革命是解放生产力，改革也是解放生产力"，"改革开放的胆子要大一些，敢于试验，看准了的，就大胆地试，大胆地闯"，"要提倡科学，靠科学才有希望"，"要坚持两手抓，一手抓改革开放，一手抓打击各种犯罪活动，这两手都要硬"。

三、历史意义和现实意义

（一）历史意义

一是科学总结了党的十一届三中全会以来的实践探索和基本经验。

二是从理论上深刻回答了长期困扰和束缚人们思想的许多重大问题。重点回答了一直争论不休的"计划与市场"问题，"资本主义也有计划，社会主义也有市场"；衡量中国发展好与坏的标准不是"本本主义"，而是要看是否有利于发展生产力、是否有利于提高人民的生活、是否有利于增强综合国力。

三是把改革开放和现代化建设推向新阶段的又一个解放思想、实事求是的宣言书。这次思想解放为中国确立社会主义市场经济模式奠定了基础，虽然模式还在完善中，但是带来了人民生活水平的迅速提高和共和国的全面崛起。

四是明确了以经济建设为中心的工作重点，为之后中国的发展之路明确航向。20 世纪 90 年代，东欧剧变、苏联解体，中国内部悲观情绪蔓延，将"反对和平演变"作为工作重点的呼声愈演愈烈，邓小平同志对社会主义的坚定信念拨正了中国的发展路线，扭转了党内外一度思想混乱的局面。

(三) 现实意义

邓小平南方谈话是对马列主义、毛泽东思想的继承和发展，是在社会主义思想发展史上具有里程碑意义的光辉篇章。

一是坚持以经济建设为中心不动摇，解决发展过程中出现的各种矛盾和问题。改革开放以来，中国经济社会发展之所以能取得举世瞩目的成就，是与坚定不移地坚持党的基本路线分不开的。在现阶段，我们不能改变经济建设这个中心，否则就有削弱甚至丧失物质基础的危险。

二是继续解放思想，全面深化改革开放。当前，新旧体制转换的过程还远未结束，体制机制对经济社会发展的瓶颈制约问题尚未得到根本解决，中国已经进入了全面深化改革的新阶段，改革进入了深水区、攻坚期，经济社会正经历着更具广度、深度和难度的变革。

三是坚持以人为本，切实保障和改善民生，实现共同富裕。南方谈话指出："走社会主义道路，就是要逐步实现共同富裕。"坚持以人为本，实现好、维护好、发展好最广大人民的根本利益，要求我们努力实现邓小平在南方谈话中提出的共同富裕目标。

（三）南方谈话对我们的现实启示

我们从三方面谈，一是思想启示：一切从实际出发，敢闯、敢干、杀出一条血路。二是政治启示：从严治党，加快推进政治体制改革。三是经济启示：以共同富裕为出发点去制定各项政策，在做大蛋糕的同时分好蛋糕。邓小平南方谈话阐发的一系列全新的思想，犹如一股强劲的东风，驱散了人们思想上的迷雾。作为新青年的我们，应该珍惜这笔宝贵的精神财富，不仅要在中国共产党的带领下传承改革开放的精神，更要高举中国特色社会主义伟大旗帜，不忘初心，牢记使命，一步一步为建成社会主义现代化强国而努力奋斗。

四、地理视角下的南方谈话

（一）地理空间的差异

邓小平南方谈话指出了中国经济发展的地域性差异问题。他认为北方地区由于历史、文化、自然环境等方面的原因，与南方地区存在着明显的经济发展差距，应当采取差异化的发展策略。这也体现了地理学重视区域差异性和区域特征的研究。1988年9月，邓小平同志第一次提出了两个大局的战略构想。随后在1992年，邓小平进一步明确这一战略思想的具体方式和时间节点。"两个大局"的战略思想中"第一个大局"主要解决经济发展的效率问题，包含两个方面：一是"东部沿海地区要充分利用有利条件，加快对外开放，较快地先发展起来"。东部利用自身港口优势、基础设施优势和人才优势等有利条件，率先快速发展，提升经济发展效率；二是东部沿海地区率先发展，"内地要顾全这个大局"。内地并非不发展，而是为了我国经济整体上更好更快的发展，不能要求与东部沿海地区同步的发展。

（二）"摸着石头过河"与地理学中的实证主义方法论

邓小平南方谈话提出了"摸着石头过河"的发展思路，即在实践中不断探索，不断试错，不断总结，不断改进。这种发展思路符合地理学的实证主义精神，也是地理学家在研究地理问题时所遵循的方法论。

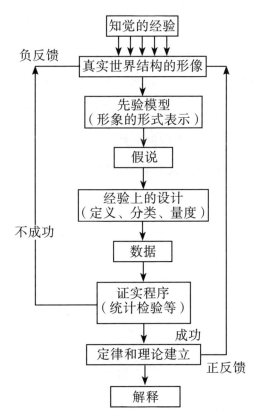

图3：地理学实证主义方法论逻辑图

坚持实事求是的马克思主义思想路线。通过了解决议产生的历史背景和撰写历程，我们不得不感慨邓小平、胡乔木等始终坚持实事求是马克思主义思想路线的党的优良传统，面对外国记者一系列的敏感问题，邓小平这样评价毛泽东："他的功和过来说，错误毕竟是第二位的。他为中国人民做的事情是不能抹杀的。从我们中国人民的感情来说，我们永远把他作为我们党和国家的缔造者来纪念。"邓小平淡定从容，实事求是，充分彰显其博大胸襟、思想格局、大国风范。但反观时下某些地方官员，不要说面对国外"刁钻媒体"的采访，就是地方记者抛出一点超习惯的提问，都会表现出惊恐之状，时见搪塞与怒斥，此外，在一些地方，不诚实已成了官场的弊端。什么"逢人只讲三分话"，什么"上有政策，下有对策"，这些官场潜规则严重危害着政府的威信，疏间着党群政群关系。

（三）抓住有利时机，集中精力把经济建设搞上去

地理学家需要思考在全球化、区域协调发展、城乡一体化等问题的背景下，如何实现经济的跨越式发展，如何提升中国在国际上的竞争力。

地理分析：地理学可以通过空间分析和地图制作来确定资源分布情况、土地利用状况、区域交通状况等，为经济建设提供基础数据和空间信息。生态保护：地理学可以提供生态环境状况的信息，帮助制定经济建设的生态环境保护措施和可持续发展战略。经济规划：地理学可以利用综合分析、模型建立和定量分析等方法，提供各种方案的经济效益评估，指导经济建设规划和决策。区域发展：地理学可以评

估不同地区的经济发展潜力和优劣势，为区域发展的策略调整和规划提供依据。城市规划：地理学可以在城市空间分布和社会经济发展的基础上，为城市规划和土地利用提供科学支持，指导城市的可持续发展。

四、课后的评价及考核

平时作业和课后作业均以原著为基础材料，以经典原著中主要内容为切入点布置课后作业，这样才能把课前学生的个人思考准备、小组的交流研讨与课堂上教师讲授有机地统一起来，保证马克思主义中国化经典著作融入"毛泽东思想和中国特色社会主义理论体系概论"课程教学的有效性。期末考试命题结合原著进行，经典原著融入课堂的教学根本目的在于使学生学习和领悟经典原著中体现着的马克思主义的立场、观点和方法并能从本本中跳出来解决实际问题，运用好经典原著和历史穿透力的现实解释力。

具体来说，由学生个人写出阅读原著的心得体会，由学生小组完成课堂原著的汇报展示，课堂上由任课教师点评、总结学生小组的汇报展示，课后由任课教师批阅学生个人心得体会，并将两个成绩按照百分比计入期末总评成绩中。个人心得体会是小组汇报展示的基础，只有做好个人的心得体会，才能通过小组研讨与切磋形成小组的汇报展示，实现从课前到课中再到课后，构成了闭环的融入方式。

下文是笔者 2023 春季教学班中的一个学生的心得体会。

关于《关于建国以来党的若干历史问题的决议》的几点思考

学生姓名：邱佳星

"一个民族只有了解自己的过去，才能脚踏实地走向未来！"习近平总书记曾说："党的历史是最生动、最有说服力的教科书。"我们党历来高度注重总结历史经验，而无数历史经验和现实生活都表明：只有正确地总结过去，才能胜利地开辟未来。如果不能准确把握党和国家历史的主题主线、主流本质，那就会从根本上歪曲中国共产党的历史，损害党的事业，动摇党的执政地位和领导作用；就会在党内和人民群众中造成极大的思想混乱，使党和国家在政治上迷失前进的方向。"如果说历史在短期内是被胜利者写就的，那么，知识的长期历史进步则是来自对失败与错误的反思。"为深入了解并学习《关于建国以来党的若干历史问题的决议》以及将贯穿其中的"坚持实事求是"的马克思主义思想原理充分联系现实生活，我将从《关于建国以来党的若干历史问题的决议》的形成历史背景、主要内容、历史意义和当代价值四个部分展开叙述和思考。

一、《关于建国以来党的若干历史问题的决议》形成的历史背景

《关于建国以来党的若干历史问题的决议》形成于改革开放新时期解放思想、拨乱反正的历史转折之中。经过真理标准问题大讨论这场思想解放运动的洗礼，党的十一届三中全会实现了新中国成立以来党的历史上具有深远意义的伟大转折，党内外呈现出一派安定团结、生动活泼的政治局面，但也存在一些对新的路线方针政策、对新

中国成立以来党的历史问题的错误认识。特别是如何评价毛泽东同志的功过和毛泽东思想，更是成为党内外、国内外高度关注的一个重要政治问题。面对这种情况，党中央认为，要顺利推进改革开放，全面完成拨乱反正，必须正确认识新中国成立以来党所走过的道路，全面总结这一时期的历史经验，并对一些重大历史问题作出结论，以分清是非，统一思想。正如邓小平同志所指出："过去的问题已经结束了，需要作个总结，不走这一步不行。"

1979 年 11 月，在邓小平同志亲自主持下，《关于建国以来党的若干历史问题的决议》起草小组成立。邓小平同志曾先后十多次召集起草组开会，对起草工作作出一系列重要指示。他明确提出起草"历史决议"要突出三条"中心的意思"：一是确立毛泽东同志的历史地位，坚持和发展毛泽东思想，这是最核心的一条；二是实事求是分析建国三十年来历史上的大事，公正评价其中的功过是非；三是通过这个决议对过去的事情做个基本总结，引导大家团结一致向前看。第二个"历史决议"的起草过程也是集思广益、发扬民主的过程。1981年 5 月，邓小平同志曾感慨地说："这个文件差不多起草了一年多了，经过不晓得多少稿。一九八〇年十月四千人讨论，提了很多好的重要的意见；在四千人讨论和最近四十多位同志讨论的基础上，又进行修改，反复多次。起草的有二十几位同志，下了苦功夫，现在拿出这么一个稿子来。"同年 6 月，党的十一届六中全会一致通过了这份凝结了集体智慧、代表了全党意志的《关于建国以来党的若干历史问题的决议》，党在指导思想上的拨乱反正也由此胜利完成。

二、《关于建国以来党的若干历史问题的决议》的主要内容

《关于建国以来党的若干历史问题的决议》文本由八部分组成，主要回顾了新中国成立以前党的历史，总结了新中国成立以后社会主义革命和建设的历史经验，对一些重大事件和重要人物作出了评价，特别是正确评价了毛泽东同志和毛泽东思想。

整体来看，第一部分简要回顾了建国以前二十八年的历史；第二至第五部分对社会主义革命和建设时期党的历史作了系统总结，指出这段历史"总的说来，是我们党在马克思列宁主义、毛泽东思想指导下，领导全国各族人民进行社会主义革命和社会主义建设并取得巨大成就的历史"；第六部分阐述了结束"文化大革命"以来党和国家事业实现的伟大转折；第七部分实事求是地评价了毛泽东同志的历史地位，充分肯定了毛泽东思想作为党长期坚持的指导思想的伟大意义，特别指出要"把经过长期历史考验形成为科学理论的毛泽东思想，同毛泽东同志晚年所犯的错误区别开来"，并对毛泽东思想"多方面的内容"和"活的灵魂"作出科学概括；第八部分指出，"三中全会以来，我们党已经逐步确立了一条适合我国情况的社会主义现代化建设的正确道路"，并对其"主要点"从十个方面作了概括。这实质上初步提出了在中国建设什么样的社会主义和怎样建设社会主义的问题。

《关于若干历史问题的决议》运用马克思主义的辩证唯物主义和历史唯物主义，对建国32年来党的重大历史事件特别是"文化大革命"，作出了正确的总结，科学地分析了在这些事件中党的指导思想的正确和错误，分析了产生错误的主观因素和社会原因，实事求是地

评价了毛泽东在中国革命中的历史地位，充分论述了毛泽东思想作为我们党的指导思想的伟大意义。《关于若干历史问题的决议》肯定了十一届三中全会以来逐步确立的适合中国情况的建设社会主义现代化强国的正确道路，进一步指明了中国社会主义事业和党的工作继续前进的方向。

三、《关于建国以来党的若干历史问题的决议》的历史意义

（一）对党的历史特别是新中国成立后的历史作了科学总结，实事求是地评价了若干重大历史事件和历史人物。《关于建国以来党的若干历史问题的决议》首先对新中国成立前党的历史作了言简意赅、精准到位的概述，这一部分与第一个历史决议一起，奠定了撰写党领导革命28年历史的基准。决议的主要任务是对新中国成立后的历史进行评述。它明确指出新中国成立以来党和国家在总体上取得的成就是主要的，并对各方面的成就作了概括；同时直面党在探索建设社会主义道路上所经历的曲折和挫折，要求认真吸取教训。它既对这段历史作了总体评价，也对几个阶段的历史和许多重大事件、重要会议、重要人物有具体臧否，成为后来编纂新中国成立后党史的根本准绳。

（二）从根本上否定了"文化大革命"和"无产阶级专政下继续革命"的错误理论和实践，鲜明指出"文化大革命"不是任何意义上的革命或社会进步，而是一场由领导者错误发动，被反革命集团利用，给党、国家和各族人民带来严重灾难的内乱。并且对"文化大革命"发生的直接原因和复杂的社会历史根源作了深刻分析，强调我们党有决心、有能力防止重犯过去那样严重的错误。它明确指出，党的

领导不会没有错误，"任何人都不能用党曾犯过错误作为削弱、摆脱甚至破坏党的领导的理由"，否则，"只会犯更大的错误，并且招致严重的灾难"。

（三）实事求是地评价毛泽东的历史地位，充分肯定他为中华人民共和国的缔造和我国社会主义事业的发展，建立了永远不可磨灭的功勋；他对中国革命的功绩远远大于他的过失；他的错误在于违反了他自己正确的东西，是一个伟大的革命家、伟大的马克思主义者所犯的错误。决议对毛泽东思想完整体系作了全面的科学概括，强调毛泽东思想作为党的指导思想的伟大理论价值和行动价值。习近平总书记在纪念毛泽东同志诞辰 120 周年座谈会上的讲话时谈道："毛泽东同志属于中国，也属于世界。他不仅赢得了全党全国各族人民爱戴和敬仰，而且赢得了世界上一切向往进步的人们敬佩。毛泽东同志的革命实践和光辉业绩已经载入中华民族史册。他的名字、他的思想、他的风范，将永远鼓舞我们继续前进。"

（四）对党的十一届三中全会实现的伟大转折作了深入分析，第一次提出社会主义初级阶段思想，并对党在十一届三中全会后逐步确立的适合我国情况的社会主义现代化建设道路的基本点作了重要概括，实质上初步地提出了在中国建设什么样的社会主义和怎样建设社会主义的问题，为后来形成的中国特色社会主义道路、理论、制度和文化思想的愈益明晰和完善奠定了初始基础。

（五）对党的历史问题坚持人民大众立场、辩证唯物主义和历史唯物主义观点，采取分析态度的辩证逻辑方法，通过对复杂社会现象的辨析揭示历史的本质，解决了许多疑难问题。决议对"文化大革命"的历史作了四个重要区别：一是将毛泽东思想同毛泽东的晚年错误区别开来；二是将毛泽东晚年的错误同林彪、"四人帮"的罪恶活动区别开来；三是将"文化大革命"的理论和实践同作为时间概念的"文化大革命"时期区别开来；四是将摒弃"无产阶级专政下继续革命"这个有特定含义的口号，同还要继续进行各方面的斗争和发扬革命精神区别开来。这使长期受非此即彼的形而上学思想影响而困扰人们的历史难题迎刃而解，对于正确认识党对社会主义建设的艰辛探索和"文化大革命"这段极其错综复杂的历史具有重要作用。

《关于建国以来党的若干历史问题的决议》的上述五大贡献，不仅使党对于重大历史问题的是非统一了认识，而且对于中国社会主义建设的未来发展具有长远指导意义。它的制定标志着党在指导思想上完成了拨乱反正任务，迄今仍然是我们党正确把握历史、指导当前工作的指针。

四、《关于建国以来党的若干历史问题的决议》的当代价值

（一）学习理论知识要真正做到原原本本学、联系实际学。习近平总书记指出："学习理论最有效的办法是读原著、学原文、悟原理。"中国共产党是一个一贯重视学习和善于学习的政党，自成立起就高度重视在思想上建党，强调读原著、学原文、悟原理，用马克思主义理论武装全党。而在当下，对于我们每一个学生而言又何尝不是呢？现在大学生都在学习《习近平新时代中国特色社会主义思想概论》《马克思主义基本原理概论》《毛泽东思想与中国特色社会主义理论体系概论》等等，但很多同学对马克思主义的了解和学习往往都是碎片化、字面化的，缺乏系统、全面而深入的钻研，往往是雾里看花，似是而非，这样就难以把自己定位到当时的时事背景中去研究马克思主义的基本观点、立场等等。但如果能够沉下心来，坚持"读原著、学原文、悟原理"，反复咀嚼、反复探索，就一定会感受到马克思主义的魅力。

（二）树立正确的历史观。坚持人民大众立场，不掺杂个人感情看待客观历史。在撰写决议的过程中，尤其是挨过整的人，言辞激烈，夹杂着个人感情，认为新中国成立以来发生的失误和错误，都应由毛泽东一人负责，干脆不写毛泽东思想部分，而这些偏激的看法归根到底是没有站在人民大众的立场去思考问题。只有站在国家主人翁立场上，着眼于广大人民群众，而不是囿于因个人不幸遭遇所遗留的创伤，来总结历史经验。2021 年，在迎来中国共产党成立一百周年的重要时刻，我国脱贫攻坚战取得了全面胜利，现行标准下 9899 万农村贫困人口全部脱贫，832 个贫困县全部摘帽，12.8 万个贫困村全部出列，对于这彪炳史册的辉煌成就却有因为个人原因处于"贫困"状态的人对历史性成就表示质疑和讽刺，这正是狭隘的历史眼光的体现。

（三）坚持实事求是的马克思主义思想路线。通过了解决议产生的历史背景和撰写历程，我们不得不感慨邓小平、胡乔木等始终坚持实事求是马克思主义思想路线的党的优良传统，面对外国记者一系列敏感问题，"他的功和过来说，错误毕竟是第二位的。他为中国人民做的事情是不能抹杀的。从我们中国人民的感情来说，我们永远把他作为我们党和国家的缔造者来纪念"，邓小平淡定从容，实事求是，充分彰显其博大胸襟、思想格局、大国风范。但反观时下某些地方官员，不要说面对国外"刁钻媒体"的采访，就是地方记者抛出一点超习惯的提问，都会表现出惊恐之状，时见搪塞与怒斥，此外，在一些地方，不诚实已成了官场的弊端。什么"逢人只讲三分话"，什么"上有政策，下有对策"，这些官场潜规则严重危害着政府的威信，疏间着党群政群关系。

学生所在小组在课堂上分享了读《关于建国以来党的若干历史问题的决议》的个人体会。

"伟大的阶级，正如伟大的民族一样，无论从哪方面学习都不如从自己所犯错误份后果中学习来得快"。读完《关于建国以来党的若干历史问题的决议》，至今依然动容，受益匪浅。在决议中，毫不含糊、斩钉截铁地肯定了中国共产党在过去取得的成绩是主要的，在肯定成绩的同时也发现不足，敢于正视错误，通过对中国共产党历史经验的认真总结，分清政治是非，统一全党思想，使党获得砥砺奋进的精神力量，沿着正确的方向前进，并取得举世瞩目的伟大成就。生逢其时，欣逢盛世，作为新时代青年的我们，当以史为鉴，面向未来，在日常的生活学习中勤于总结也要善于总结，"实事求是"不只是一种为人的美德，更是一种处事原则、人生法则。

——邱佳星

我们都是出生于冷战后的一代，我们从出生便享受在一个和平的环境之中，我们虽没有经历过祖辈和父辈那样的环境，全球在冷战的范围之下持续进行热战。因此我更加的佩服，处在那些时代的领导者，他们的眼界与他们的魄力。

——王睿博

1981年《关于建国以来党的若干历史问题的决议》形成于拨乱反正、解放思想的过程中。当时在党内和社会上出现了一些错误思潮，如果任其发展，势必给党和人民的事业带来严重后果。为把全党全国人民的思想统一到十一届三中全会制定的路线上来，必须对新中国成立以来的历史作一个正式的结论。1981年《关于建国以来党的若干历史问题的决议》科学总结了新中国成立32年的经验教训，深刻分析了产生"左"倾错误思想的主客观原因，实事求是地评价了毛泽东在中国革命中的历史地位，进一步指明了我国社会主义事业和党的工作继续前进的方，同时也鼓舞着我在日常生活中积极践行实事求是的路线方针。

——霍健雨

读了《关于建国以来党的若干历史问题的决议》，我的感触良多。这篇决议为改今天的中国经济、政治、文化、社会等各个领域指明方向。我们今日的美好生活是中国共产党人在过去不断探索与斗争取得的，我们应该心怀感激，努力争做新时代新青年，报效祖国。这次决议对于过去错误的思考与反思，使我意识到要全面的去看待事物，很多情况下我们只会关注好或者坏的一面而往往忽略另一面，这会导致我们片面的看待问题并无法做出正确的判断。只有全面地看待事物，我们才能在错误中自我反思，脚踏实地，更进一步。

——张一凡

1981决议的历史意义是不可忽视的，它不但强调要坚持毛泽东思想，而且对于建国这么多年的正确和错误的实践做了理性的分析和判断。一个国家不能只承认自己做的好事，而忽视这些错误，从错误之中学到更多的做法和思想才是我们所需要的，而这次会议对"十年文革"有了一个思考与批判。在这次决议中我深刻明白了反思的重要性，在做完一件事情之后，我会习惯性的去总结、去反思，积累经验、吸取教训，而这种反思精神是我们生活中不可缺少的，承认错误，改善错误，才可以走得更远！

——张浩

第三节　邓小平的理论著作融入"毛泽东思想和中国特色社会主义理论体系概论"课程实施方案

一、《关于建国以来党的若干历史问题的决议》及使用建议

使用说明:《关于建国以来党的若干历史问题的决议》坚持马克思主义的辩证逻辑，运用思辨性思维，对新中国成立后近30年的历史作出深入剖析，提出了四个重要区别：一是将毛泽东思想同毛泽东的晚年错误区别开来；二是将毛泽东晚年的错误同林彪、"四人帮"的罪恶活动区别开来；三是将"文化大革命"的理论和实践同作为时间概念的"文革"时期区别开来；四是将摒弃"无产阶级专政下继续

革命"这个有特定含义的口号,同还要继续进行各方面的斗争和发扬革命精神区别开来。上述区别,使长期受非此即彼的形而上学思想影响而困扰人们的一些历史难题迎刃而解。这对于正确认识"文化大革命"这段极其错综复杂的历史具有重要积极作用,是准确把握党的历史发展的主题主线、主流本质的典范。

教师详解:一是讲清决议形成的历史过程。1981年,党的十一届六中全会通过了《关于建国以来党的若干历史问题的决议》。它形成于改革开放新时期解放思想、拨乱反正的历史转折之中。为了顺利推进改革开放,全面完成拨乱反正,必须正确认识新中国成立以来党所走过的道路,全面总结这一时期的历史经验,并对一些重大历史问题作出结论,以分清是非,统一思想。正如邓小平同志所指出:"过去的问题已经结束了,需要作个总结,不走这一步不行。"此次历史决议诞生于历史关头。

《关于建国以来党的若干历史问题的决议》的起草工作,是在中共中央政治局、中央书记处领导下,由邓小平、胡耀邦同志主持进行的。起草小组主要由胡乔木同志负责。

1979年11月,在邓小平同志亲自主持下成立了起草小组成立。邓小平同志曾先后十多次召集起草组开会,对起草工作作出一系列重要指示。他明确提出起草"历史决议"要突出三条"中心的意思":一是确立毛泽东同志的历史地位,坚持和发展毛泽东思想,这是最核心的一条;二是实事求是分析新中国成立三十年来历史上的大事,公正评价其中的功过是非;三是通过这个决议对过去的事情做个基本总结，这个总结宜粗不宜细，总结过去的目的是为了引导大家团结一致向前看。《关于建国以来党的若干历史问题的决议》的起草过程也是集思广益、发扬民主的过程。1981 年 5 月，邓小平同志曾感慨地说："这个文件差不多起草了一年多了，经过不晓得多少稿。一九八〇年十月四千人讨论，提了很多好的重要的意见；在四千人讨论和最近四十多位同志讨论的基础上，又进行修改，反复多次。起草的有二十几位同志，下了苦功夫，现在拿出这么一个稿子来。"同年 6 月，党的十一届六中全会一致通过了这份凝结了集体智慧、代表了全党意志的《关于建国以来党的若干历史问题的决议》，党在指导思想上的拨乱反正也由此胜利完成。

二是讲清决议的主要内容。文献的第一部分就是对建国以前二十八年的历史回顾，党领导人民进行的新民主主义革命斗争，简略回顾了中国共产党从诞生，经历了国共合作的北伐战争，土地革命战争，抗日战争和全国解放战争这四个阶段，其间经受了一九二七年和一九三四年两次严重失败的痛苦考验。经过长期武装斗争和各个方面、各种形式的斗争，直到一九四九年取得了革命的胜利。

文献的第二部分对二十八年斗争取得的胜利进行了充分的说明。阐释了新民主主义革命道路中党将马克思列宁主义基本原理同中国革命具体实践相结合，形成伟大的毛泽东思想的重要性。说明了中国共产党是无产阶级的先锋队，党领导的人民军队重要性，长期人民战争对战胜强大敌人的重要性，各国革命对中国革命事业的援助，但根本还是中国共产党坚持独立自主、自力更生的原则，中国革命的胜利，是第二次世界大战以后最重大的政治事件，对国际局势和世界人民斗争的发展具有深刻的久远的影响。简要概述了毛泽东以及革命先辈们对于新民主主义革命道路探索的意义。"新民主主义革命的胜利是无数先烈和全党同志、全国各族人民长期牺牲奋斗的结果。我们不应该把一切功劳归于革命的领袖们，但也不应该低估领袖们的重要作用。在党的许多杰出领袖中，毛泽东同志居于首要地位。"[①]"如果没有以他为首的党中央给全党、全国各族人民和人民军队指明坚定正确的政治方向，我们党和人民可能还要在黑暗中摸索更长时间。"[②]

文献的第三部分是对建国三十二年历史的基本估计。简要概括了建国三十二年以来取得的成就，包括建立和巩固了工人阶级领导的、以工农联盟为基础的人民民主专政即无产阶级专政的国家政权。"中国共产党在中华人民共和国成立以后的历史，总的说来，是我们党在马克思列宁主义、毛泽东思想指导下，领导全国各族人民进行社会主义革命和社会主义建设并取得巨大成就的历史。社会主义制度的建立，是我国历史上最深刻最伟大的社会变革，是我国今后一切进步和发展的基础。"[③]实现和巩固了全国范围（除台湾等岛屿以外）的国家统一，根本改变了旧中国四分五裂的局面。战胜了帝国主义、霸权主义的侵略、破坏和武装挑衅，维护了国家的安全和独立，胜利地进行了保卫祖国边疆的斗争。建立了社会主义基本制度。在工业建设、农业生产、城乡商业和对外贸易、教育、科学、文化、卫生、体育事业

---

① 《三中全会以来重要文献选编》（下），北京：人民出版社 1982 年版，第 793 页。
② 《三中全会以来重要文献选编》（下），北京：人民出版社 1982 年版，第 793 页。
③ 《三中全会以来重要文献选编》（下），北京：人民出版社 1982 年版，第 794 页。

有很大发展，就在我们取得成就的同时也发生了一些错误，社会主义经济建设急躁冒进，"文化大革命"这样阶级斗争扩大化的全局性、长时间的严重错误。"忽视错误、掩盖错误是不允许的，这本身就是错误，而且将招致更多更大的错误。但是，三十二年来我们取得的成就还是主要的，忽视或否认我们的成就，忽视或否认取得这些成就的成功经验，同样是严重的错误。"①坚持真理，修正错误，这是我们党必须采取的辩证唯物主义的根本立场。过去采取这个立场，曾使我们的事业转危为安、转败为胜。今后继续采取这个立场，必将引导我们取得更大的胜利。

文献的第四部分概括了基本完成社会主义改造的七年。这七年当中"党确定的指导方针和基本政策是正确的，取得的胜利是辉煌的"②，完成了新解放区土地制度的改革，开展了"三反""五反"运动，进行保家卫国战争，国民经济迅速恢复。提出了过渡时期总路线"一化三改"。党创造性地开辟了一条适合中国特点的社会主义改造的道路。委托加工、计划订货、统购包销、委托经销代销、公私合营、全行业公私合营等，在一个几亿人口的大国中比较顺利地实现了如此复杂、困难和深刻的社会变革。历史证明，党提出的过渡时期总路线是完全正确的。

文献的第五部分讲述的是开始全面建设社会主义的十年。"这十年中，党的工作在指导方针上有过严重失误，经历了曲折的发展过

---

① 《三中全会以来重要文献选编》（下），北京：人民出版社 1982 年版，第 798 页。
② 《三中全会以来重要文献选编》（下），北京：人民出版社 1982 年版，第 798 页。

程。"① 中共八大开展，认真执行经济发展的正确方针。整风运动资产阶级右派分子对新生的社会主义制度发起挑战，八大提出的社会主义经济建设总路线及其基本点，反映了广大人民群众迫切要求改变我国经济文化落后状况的普遍愿望，但是却忽视了客观经济规律。发生了"大跃进"和"反右倾"的错误，加上自然灾害和与苏联关系破裂，在1959年到1961年国家经济遭受重大损失。1960年冬党中央开始调整经济损失，到1966年经济才获得了比较顺利的恢复和发展。左倾错误在经济工作的指导思想上并未得到彻底纠正，而在政治和思想文化方面还有发展。为"十年文革"埋下种子。

文献的第六部分是从1966年到1976年"文革的十年"。是党、国家和人民遭到新中国成立以来最严重的挫折和损失。"文化大革命"的历史，证明毛泽东同志发动"文化大革命"的主要论点既不符合马克思列宁主义，也不符合中国实际。实践证明，"文化大革命"不是也不可能是任何意义上的革命或社会进步。它根本不是"乱了敌人"而只是乱了自己，因而始终没有也不可能由"天下大乱"达到"天下大治"。历史已经判明，"文化大革命"是一场由领导者错误发动，被反革命集团利用，给党、国家和各族人民带来严重灾难的内乱。"这一部分深刻批判了"文化大革命"的错误以及危害，并讲述了"文革"发生的三个过程，并剖析了"文革"除了毛泽东的个人领导这个直接错误以外的社会历史原因。党过去处于长期的战争和激烈阶级斗争的环境中，对新生的社会主义国家缺乏充分的思想准备和科学的研

---

① 《三中全会以来重要文献选编》（下），北京：人民出版社1982年版，第805页。

究。党和国家政治生活中的集体领导原则和民主集中制原则不断受到削弱和破坏。这都是动乱的重要原因。

文献的第七部分则是阐述历史的伟大转折点，十一届三中全会。首先批判了担任中央主席的华国锋在指导思想犯的左的错误。随后深刻理解了十一届三中全会的内容和意义。"一九七八年十二月召开的十一届三中全会，是新中国成立以来我党历史上具有深远意义的伟大转折。"阐述了解放思想，实事求是的重要性。谈到了随后的经济恢复工作，对冤假错案的平反，党的领导机构的加强，地方机构进行了完善，此外，党在教育、科学、文化、卫生、体育工作，民族工作，统战工作，侨务工作，军事工作和外交工作等方面，认真落实党的各项政策，都取得了重要的成就。

文献的第八部分主要讲述了毛泽东的历史地位和毛泽东思想。概括了毛泽东的重大理论道路贡献，讲述了毛泽东思想多方面的内容，从新民主主义革命道路探索，对于社会主义革命和社会主义建设，对于革命军队建设和军事战略，对于政策和策略，对于思想政治工作和文化工作，对于党的建设等方面做了深入解读。"毛泽东思想的活的灵魂，是贯串于上述各个组成部分的立场、观点和方法，它们有三个基本方面，即实事求是，群众路线，独立自主。"[1] 后写出毛泽东思想的意义价值重要性。"毛泽东思想是我们党的宝贵的精神财富，它将长期指导我们的行动。"[2]

---

[1] 《三中全会以来重要文献选编》（下），北京：人民出版社 1982 年版，第 832 页。
[2] 《三中全会以来重要文献选编》（下），北京：人民出版社 1982 年版，第 836 页。

文献的第九部分也就是最后一部分，主题是"团结起来，为建设社会主义现代化强国而奋斗"。也是本次决议的精华所在。提出了坚持社会主义道路，坚持人民民主专政即无产阶级专政，坚持共产党的领导，坚持马克思列宁主义、毛泽东思想，坚持这四项基本原则的重要性。提出"只有社会主义才能救中国"。认识到社会主义制度具有优越性，社会主义制度具有强大生命力，社会主义制度的完善需要一个长久的过程，同时也坚定了对社会主义道路探索建设的信心和决心。提出"没有中国共产党就没有新中国，同样，没有中国共产党也就不会有现代化的社会主义中国"。

三是讲清决议的突出贡献。建立在讲清决议主要内容的基础上，要讲清决议的突出贡献。第一，对党的历史特别是新中国成立后的历史作了科学总结，实事求是地评价了若干重大历史事件和历史人物。奠定了撰写党领导革命28年历史的基准，又对新中国成立后的历史作了重点评述；既直面党在探索建设社会主义道路上所经历的曲折和挫折，又明确指出新中国成立以来党和国家在总体上取得的成就是主要的。第二，从根本上否定了"文化大革命"和"无产阶级专政下继续革命"的错误理论和实践。对"文化大革命"发生的直接原因和复杂的社会历史根源作了深刻分析。第三，实事求是地评价毛泽东及毛泽东思想的历史地位。充分肯定他为中华人民共和国的缔造和我国社会主义事业的发展，建立了永远不可磨灭的功勋；对毛泽东思想体系作了全面的科学概括，强调了毛泽东思想作为党的指导思想的伟大意义。第四，对党的十一届三中全会实现的伟大转折作了深入分析。第一次提出社会主义初级阶段思想，并对党在十一届三中全会后逐步确立的适合我国情况的社会主义现代化建设道路的基本点作了重要概括，实质上初步提出在中国建设什么样的社会主义和怎样建设社会主义的问题，为后来的中国特色社会主义道路、理论、制度和文化的愈益明晰和完善奠定了科学基础。这四大贡献，不仅使党对于重大历史和理论问题统一了认识，而且对于中国社会主义建设的未来发展具有长远指导意义。它的制定，标志着十一届三中全会后党在指导思想上完成了拨乱反正任务。

四是讲清楚《关于建国以来党的若干历史问题的决议》中蕴含的方法论。马克思主义认识客观事物的一个重要方面，就是坚持认识论、方法论和逻辑学的高度统一，只有这样，才能通过复杂现象揭示事物的本质，达到真理性认识，这些方法论至今仍然值得我们去学习和掌握。一是正确处理主流和支流的关系，抓住历史事件和历史人物的本质，在分析和评价中抓住关键。《关于建国以来党的若干历史问题的决议》对新中国成立以来党史上的重大事件、重要会议、重要人物的评论都没有过时，仍然是我们认识这些问题的基本依据。它充分肯定了毛泽东的伟大历史功绩，强调毛泽东思想是我们党必须长期坚持的指导思想。如邓小平所指出的，作为国家的象征，我们永远将毛泽东作为我们党和国家的缔造者来纪念。"毛泽东思想这个旗帜丢不得。丢掉了这个旗帜，实际上就否定了我们党的光辉历史。"[1] 因此，必须始终高举毛泽东思想伟大旗帜。二是正确处理历史人物、历史事

---

[1] 《中国共产党简史》，北京：人民出版社、中共党史出版社 2021 年版，第 228 页。

件和一定历史范围的关系。把历史事件放在一定历史范围内作出科学分析，正确认识历史事件与其发生条件及环境的关系，指导我们把历史事件与历史事件发生的时期区分开来，从而全面看待历史事件和历史人物。《关于建国以来党的若干历史问题的决议》分析和评价建党以来和建国以来党的历史问题的立场（人民大众立场）、观点（唯物史观）、方法（对历史采取分析态度的辩证法）没有过时，时至今日仍然需要我们坚持和遵循。我们党立党的根本宗旨就是全心全意为人民服务。建党 100 年来进行的革命、建设和改革事业，说到底，就是为人民打江山、守江山。党来自人民、依靠人民、为了人民，造福人民，是 100 年来不断发展的逻辑和取得胜利的密码。

名句精读：

（1）忽视错误、掩盖错误是不允许的，这本身就是错误，而且将招致更多更大的错误。但是，三十二年来我们取得的成就还是主要的，忽视或否认我们的成就，忽视或否认取得这些成就的成功经验，同样是严重的错误。

（2）整风运动资产阶级右派分子对新生的社会主义制度发起挑战，八大提出的社会主义经济建设总路线及其基本点，反映了广大人民群众迫切要求改变我国经济文化落后状况的普遍愿望，但是缺忽视了客观经济规律。发生了"大跃进"和"反右倾"的错误，加上自然灾害和与苏联关系破裂，在 1959 年到 1961 年国家经济遭受重大损失。1960 年冬党中央开始调整经济损失，到 1966 年经济才获得了比较顺利的恢复和发展。左倾错误在经济工作的指导思想上并未得到彻底纠正，而在政治和思想文化方面还有发展。为"十年文革"埋下种子。

（3）我们总结建国以来三十二年历史经验的根本目的，就是要在坚持社会主义道路，坚持人民民主专政即无产阶级专政，坚持共产党的领导，坚持马克思列宁主义、毛泽东思想这四项基本原则的基础上，把全党、全军和全国各族人民的意志和力量进一步集中到建设社会主义现代化强国这个伟大目标上来。

（4）没有中国共产党就没有新中国，同样，没有中国共产党也就不会有现代化的社会主义中国。中国共产党是用马克思列宁主义、毛泽东思想武装起来的，以最终实现共产主义为历史使命的，有严明纪律和富于自我批评精神的无产阶级政党。如果没有这个党的领导，没有这个党在长期斗争中同人民群众形成的血肉联系，没有这个党在人民中间所进行的艰苦细致的有成效的工作和由此而享有的崇高威信，那么我们的国家就必然由于种种内外原因而四分五裂，我们民族和人民的前途就只能被断送。党的领导不会没有错误，但是党和人民的亲密团结必定能够纠正这种错误，任何人都不能用党曾犯过错误作为削弱、摆脱甚至破坏党的领导的理由。削弱、摆脱和破坏党的领导，只会犯更大的错误，并且招致严重的灾难。

二、《在武昌、深圳、珠海、上海等地的谈话要点》及使用建议

使用说明：本文适用于第六章第一节"邓小平理论首要的基本问

题和精髓"，邓小平在南方谈话中对社会主义本质做了总结性的理论概括；本文适用于第二节社会主义市场经济理论，从理论上突破了计划经济和市场经济是制度属性的观念，从根本上解除了把计划经济和市场经济看作属于社会基本制度范畴的思想束缚。

教师详解：《在武昌、深圳、珠海、上海等地的谈话要点》出现在《邓小平文选》第三卷的终卷篇，这也是邓小平同志亲自确定的，原因在于南方谈话是在重大历史关头坚持十一届三中全会以来的理论和路线，深刻回答了长期束缚人们思想的许多重大认识问题，比如，什么是社会主义问题、坚持党的初级阶段的基本路线一百年不动摇的问题、关于市场和计划关系问题，并提出抓住时机，发展自己的观点、提出了正确的政治路线要靠正确的组织路线来保证的观点、提出了判断改革开放和各项工作成败得失的"三个有利于"的评判标准等等。1997年，党的十五大报告明确提出："南方谈话是继小平同志1978年所作的《解放思想，实事求是，团结一致向前看》讲话之后的，把改革开放和现代化建设推到新阶段的又一个解放思想、实事求是的宣言书。"

围绕搞清楚"什么是社会主义、怎样建设社会主义"这个首要的基本的理论问题，解放思想，实事求是地探索了社会主义的本质和在中国这样经济文化比较落后的国家社会主义的发展道路，第一次比较系统地初步解决了我国建设社会主义的一系列基本问题，创立了建设有中国特色社会主义理论这一当代中国的马克思主义。[1]

---

① 李君如：《学好邓小平著作和理论的重要辅助材料》，《前线》，1995 年第 1 期。

名句精读：

（1）革命是解放生产力，改革也是解放生产力。推翻帝国主义、封建主义、官僚资本主义的反动统治，使中国人民的生产力获得解放，这是革命，所以革命是解放生产力。社会主义基本制度确立以后，还要从根本上改变束缚生产力发展的经济体制，建立起充满生机和活力的社会主义经济体制，促进生产力的发展，这是改革，所以改革也是解放生产力。过去，只讲在社会主义条件下发展生产力，没有讲还要通过改革解放生产力，不完全。应该把解放生产力和发展生产力两个讲全了。

（2）改革开放胆子要大一些，敢于试验，不能像小脚女人一样。看准了的，就大胆地试，大胆地闯。深圳的重要经验就是敢闯。没有一点闯的精神，没有一点"冒"的精神，没有一股气呀、劲呀，就走不出一条好路，走不出一条新路，就干不出新的事业。不冒点风险，办什么事情都有百分之百的把握，万无一失，谁敢说这样的话？一开始就自以为是，认为百分之百正确，没那么回事，我就从来没有那么认为。每年领导层都要总结经验，对的就坚持，不对的赶快改，新问题出来抓紧解决。恐怕再有三十年的时间，我们才会在各方面形成一整套更加成熟、更加定型的制度。在这个制度下的方针、政策，也将更加定型化。现在建设中国式的社会主义，经验一天比一天丰富。

（3）改革开放迈不开步子，不敢闯，说来说去就是怕资本主义的东西多了，走了资本主义道路。要害是姓"资"还是姓"社"的问题。判断的标准，应该主要看是否有利于发展社会主义社会的生产力，是否有利于增强社会主义国家的综合国力，是否有利于提高人民的生活水平。

（4）计划多一点还是市场多一点，不是社会主义与资本主义的本质区别。计划经济不等于社会主义，资本主义也有计划；市场经济不等于资本主义，社会主义也有市场。计划和市场都是经济手段。社会主义的本质，是解放生产力，发展生产力，消灭剥削，消除两极分化，最终达到共同富裕。就是要对大家讲这个道理。

（5）走社会主义道路，就是要逐步实现共同富裕。共同富裕的构想是这样提出的：一部分地区有条件先发展起来，一部分地区发展慢点，先发展起来的地区带动后发展的地区，最终达到共同富裕。如果富的愈来愈富，穷的愈来愈穷，两极分化就会产生，而社会主义制度就应该而且能够避免两极分化。

（6）对改革开放，一开始就有不同意见，这是正常的。不只是经济特区问题，更大的问题是农村改革，搞农村家庭联产承包，废除人民公社制度。开始的时候只有三分之一的省干起来，第二年超过三分之二，第三年才差不多全部跟上，这是就全国范围讲的。开始搞并不踊跃呀，好多人在看。我们的政策就是允许看。允许看，比强制好得多。我们推行三中全会以来的路线、方针、政策，不搞强迫，不搞运动，愿意干就干，干多少是多少，这样慢慢就跟上来了。不搞争论，是我的一个发明。不争论，是为了争取时间干。一争论就复杂了，把时间都争掉了，什么也干不成。不争论，大胆地试，大胆地闯。农村改革是如此，城市改革也应如此。

162

（7）右可以葬送社会主义，"左"也可以葬送社会主义。中国要警惕右，但主要是防止"左"。

（8）抓住时机，发展自己，关键是发展经济。现在，周边一些国家和地区经济发展比我们快，如果我们不发展或发展得太慢，老百姓一比较就有问题了。

（9）我们搞社会主义才几十年，还处在初级阶段。巩固和发展社会主义制度，还需要一个很长的历史阶段，需要我们几代人、十几代人，甚至几十代人坚持不懈地努力奋斗，决不能掉以轻心。

（10）我坚信，世界上赞成马克思主义的人会多起来的，因为马克思主义是科学。它运用历史唯物主义揭示了人类社会发展的规律。封建社会代替奴隶社会，资本主义代替封建主义，社会主义经历一个长过程发展后必然代替资本主义。这是社会历史发展不可逆转的总趋势，但道路是曲折的。资本主义代替封建主义的几百年间，发生过多少次王朝复辟？所以，从一定意义上说，某种暂时复辟也是难以完全避免的规律性现象。一些国家出现严重曲折，社会主义好像被削弱了，但人民经受锻炼，从中吸收教训，将促使社会主义向着更加健康的方向发展。因此，不要惊慌失措，不要认为马克思主义就消失了，没用了，失败了。哪有这回事！

三、《党的十三大报告》（节选）及使用建议

使用说明：本文适用于第六章"邓小平理论"第二节"邓小平理论的主要内容"的第一目"社会主义初级阶段理论和党的基本路线"。

教师详解：1987年党的十三大报告，共32000余字。有兴趣的同学可在课后进行全文阅读，在课堂上，思政课教师应重点和同学们讲述十三大报告中的第二部分，即社会主义初级阶段理论。

党的十三大召开前夕，邓小平同志就曾指出："我们党的十三大要阐述中国社会主义是处在一个什么阶段，就是处在初级阶段，是初级阶段的社会主义。社会主义本身是共产主义的初级阶段，而我们中国又处在社会主义的初级阶段，就是不发达的阶段。一切都要从这个实际出发，根据这个实际来制订规划。"[①] 邓小平第一次把社会主义初级阶段作为事关全局的基本因素加以把握，明确了这一基本国情是制定路线方针政策的出发点和根本依据。1987年，党的十三大系统地阐述了社会主义初级阶段的科学内涵。首先，阐明社会主义初级阶段这个论断包括两层含义：第一，我国社会已经是社会主义社会。我们必须坚持而不能离开社会主义。第二，我国的社会主义社会还处在初级阶段。我们必须从这个实际出发，而不能超越这个阶段。第一层含义阐明了初级阶段的社会性质，第二层含义阐明了我国社会主义社会的发展程度，这是我们最大的国情。

原文（节选）：

《党的十三大报告》[②]

正确认识我国社会现在所处的历史阶段，是建设有中国特色的社会主义的首要问题，是我们制定和执行正确的路线和政策的根本依据。

---

① 《邓小平文选》第三卷，北京：人民出版社1993年版，第252页。
② 《十三大以来中央文献选编》（上），北京：人民出版社1991年版，第9页。

对这个问题，我们党已经有了明确的回答：我国正处在社会主义的初级阶段。这个论断，包括两层含义。第一，我国社会已经是社会主义社会。我们必须坚持而不能离开社会主义。第二，我国的社会主义社会还处在初级阶段。我们必须从这个实际出发，而不能超越这个阶段。在近代中国的具体历史条件下，不承认中国人民可以不经过资本主义充分发展阶段而走上社会主义道路，是革命发展问题上的机械论，是右倾错误的重要认识根源；以为不经过生产力的巨大发展就可以越过社会主义初级阶段，是革命发展问题上的空想论，是"左"倾错误的重要认识根源。

我国原来是一个半殖民地半封建的大国。从上个世纪中叶以来的一百多年间，经过各派政治力量的反复较量，经过旧民主主义革命的多次失败和新民主主义革命的最终胜利，证明资本主义道路在中国走不通，唯一的出路是在共产党领导下推翻帝国主义、封建主义、官僚资本主义的反动统治，走社会主义道路。但是，也正因为我们的社会主义是脱胎于半殖民地半封建社会，生产力水平远远落后于发达的资本主义国家，这就决定了我们必须经历一个很长的初级阶段，去实现别的许多国家在资本主义条件下实现的工业化和生产的商品化、社会化、现代化。

经过三十多年来社会主义的发展，我国当前的情况是怎样的呢？一方面，以生产资料公有制为基础的社会主义经济制度、人民民主专政的社会主义政治制度和马克思主义在意识形态领域中的指导地位已经确立，剥削制度和剥削阶级已经消灭，国家经济实力有了巨大增长，教育科学文化事业有了相当发展。另一方面，人口多，底子薄，人均国民生产总值仍居于世界后列。突出的景象是：十亿多人口，八亿在农村，基本上还是用手工工具搞饭吃；一部分现代化工业，同大量落后于现代水平几十年甚至上百年的工业，同时存在；一部分经济比较发达的地区，同广大不发达地区和贫困地区，同时存在；少量具有世界先进水平的科学技术，同普遍的科技水平不高，文盲半文盲还占人口近四分之一的状况，同时存在。生产力的落后，决定了在生产关系方面，发展社会主义公有制所必需的生产社会化程度还很低，商品经济和国内市场很不发达，自然经济和半自然经济占相当比重，社会主义经济制度还不成熟不完善；在上层建筑方面，建设高度社会主义民主政治所必需的一系列经济文化条件很不充分，封建主义、资本主义腐朽思想和小生产习惯势力在社会上还有广泛影响，并且经常侵袭党的干部和国家公务员队伍。这种状况说明，我们今天仍然远没有超出社会主义初级阶段。

在中国这样落后的东方大国中建设社会主义，是马克思主义发展史上的新课题。我们面对的情况，既不是马克思主义创始人设想的在资本主义高度发展的基础上建设社会主义，也不完全相同于其他社会主义国家。照搬书本不行，照搬外国也不行，必须从国情出发，把马克思主义基本原理同中国实际结合起来，在实践中开辟有中国特色的社会主义道路。在这个问题上，我们党作过有益探索，取得过重要成就，也经历过多次曲折，付出了巨大代价。

从五十年代后期开始，由于"左"倾错误的影响，我们曾经急于求成，盲目求纯，以为单凭主观愿望，依靠群众运动，就可以使生产力急剧提高，以为社会主义所有制形式越大越公越好。我们还曾经长期把发展生产力的任务推到次要地位，在社会主义改造基本完成后还"以阶级斗争为纲"。许多束缚生产力发展的、并不具有社会主义本质属性的东西，或者只适合于某种特殊历史条件的东西，被当作"社会主义原则"加以固守；许多在社会主义条件下有利于生产力发展和生产商品化、社会化、现代化的东西，被当做"资本主义复辟"加以反对。由此而形成的过分单一的所有制结构和僵化的经济体制，以及同这种经济体制相联系的权力过分集中的政治体制，严重束缚了生产力和社会主义商品经济的发展。这种情况教育我们，清醒地认识基本国情，认识我国社会主义所处的历史阶段，是极端重要的问题。

那末，我国社会主义的初级阶段，是一个什么样的历史阶段呢？它不是泛指任何国家进入社会主义都会经历的起始阶段，而是特指我国在生产力落后、商品经济不发达条件下建设社会主义必然要经历的特定阶段。我国从五十年代生产资料私有制的社会主义改造基本完成，到社会主义现代化的基本实现，至少需要上百年时间，都属于社会主义初级阶段。这个阶段，既不同于社会主义经济基础尚未奠定的过渡时期，又不同于已经实现社会主义现代化的阶段。我们在现阶段所面临的主要矛盾，是人民日益增长的物质文化需要同落后的社会生产之间的矛盾。阶级斗争在一定范围内还会长期存在，但已经不是主要矛盾。为了解决现阶段的主要矛盾，就必须大力发展商品经济，提高劳动生产率，逐步实现工业、农业、国防和科学技术的现代化，并且为此而改革生产关系和上层建筑中不适应生产力发展的部分。

总起来说，我国社会主义初级阶段，是逐步摆脱贫穷、摆脱落后的阶段；是由农业人口占多数的手工劳动为基础的农业国，逐步变为非农产业人口占多数的现代化的工业国的阶段；是由自然经济半自然经济占很大比重，变为商品经济高度发达的阶段；是通过改革和探索，建立和发展充满活力的社会主义经济、政治、文化体制的阶段；是全民奋起，艰苦创业，实现中华民族伟大复兴的阶段。

从社会主义初级阶段的实际出发，我们应当确立哪些具有长远意义的指导方针呢？第一，必须集中力量进行现代化建设。社会主义社会的根本任务是发展生产力。在初级阶段，为了摆脱贫穷和落后，尤其要把发展生产力作为全部工作的中心。是否有利于发展生产力，应当成为我们考虑一切问题的出发点和检验一切工作的根本标准。必须始终不渝地发扬艰苦奋斗精神，勤俭建国，勤俭办一切事业。第二，必须坚持全面改革。社会主义是在改革中前进的社会。在初级阶段，特别在当前时期，由于长期形成的僵化体制严重束缚着生产力的发展，改革更成为迫切的历史要求。改革是社会主义生产关系和上层建筑的自我完善，是推进一切工作的动力。第三，必须坚持对外开放。当代国际经济关系越来越密切，任何国家都不可能在封闭状态下求得发展。在落后基础上建设社会主义，尤其要发展对外经济技术交流和合作，努力吸收世界文明成果，逐步缩小同发达国家的差距。闭关自守只能越来越落后。第四，必须以公有制为主体，大力发展有计划的商品经济。商品经济的充分发展，是社会经济发展不可逾越的阶段，是实现生产社会化、现代化的必不可少的基本条件。在所有制和分配上，社会主义社会并不要求纯而又纯，绝对平均。在初级阶段，尤其要在以公有制为主体的前提下发展多种经济成份，在以按劳分配为主体的前提下实行多种分配方式，在共同富裕的目标下鼓励一部分人通过诚实劳动和合法经营先富起来。第五，必须以安定团结为前提，努力建设民主政治。社会主义应当有高度的民主，完备的法制和安定的社会环境。在初级阶段，不安定因素甚多，维护安定团结尤为重要。必须正确处理人民内部矛盾。人民民主专政不能削弱。社会主义民主政治的建设，既因为封建专制主义影响很深而具有特殊的迫切性，又因为受到历史的社会的条件限制，只能有秩序有步骤地进行。第六，必须以马克思主义为指导，努力建设精神文明。要根据十二届六中全会关于精神文明建设的决议，按照"有理想、有道德、有文化、有纪律"的要求，提高整个民族的思想道德素质和科学文化素质。我们的现代化建设和改革开放，对社会主义精神文明建设是巨大的促进，同时也对它提出了很高的要求。要努力形成有利于现代化建设和改革开放的理论指导、舆论力量、价值观念、文化条件和社会环境，克服小生产的狭隘眼界和保守习气，抵制封建主义和资本主义的腐朽思想，振奋起全国各族人民献身于现代化事业的巨大热情和创造精神。

第四章

马克思主义中国化经典著作融入"毛泽东思想和中国特色社会主义理论体系概论"课程教学的实践过程研究之"三个代表"重要思想篇

    根据《毛泽东思想和中国特色社会主义理论体系概论》2023 版教材，第七章讲述"'三个代表'重要思想"的相关内容，具体分为三节，第一节介绍"三个代表"重要思想的核心观点，第二节介绍"三个代表"重要思想的主要内容，第三节介绍"三个代表"重要思想的历史地位，通过本章学习，回归到具体历史情境之中，使学生深刻理解以江泽民同志为主要代表的中国共产党人，在国内外形势十分复杂、世界社会主义出现严重曲折的严峻考验面前，如何捍卫了中国特色社会主义，如何成功把中国特色社会主义推向 21 世纪，从而使青年大学生深刻领会"三个代表"重要思想的真谛。

第一节　江泽民的重要著作融入"毛泽东思想和中国特色社会主义理论体系概论"课程的必要性研究

提升"毛泽东思想和中国特色社会主义理论体系概论"课程教学的实效性，应该不断提高该门课程的思想性和理论性，这就要求更加准确、全面和深刻地阐释马克思主义中国化时代化理论成果，并将其回归至马克思主义中国化经典著作之中。江泽民同志是党的第三代中央领导集体的核心，是"三个代表"重要思想的主要创立者。"三个代表"重要思想是对马克思列宁主义、毛泽东思想和邓小平理论的继承和发展，反映了当代世界和中国的发展变化，对党和国家工作的新要求，是加强和改进党的建设、推进我国社会主义自我完善和发展的强大理论武器，是全党集体智慧的结晶，是党必须长期坚持的指导思想。

江泽民的理论著作集中被收录在《江泽民文选》中，《江泽民文选》共三卷，记录了以江泽民同志为核心的党的第三代中央领导集体带领全党全国各族人民把中国特色社会主义事业推向前进的历史进程，《江泽民文选》于 2006 年公开发行，江泽民同志亲自主持编辑和逐篇审定《江泽民文选》第一卷、第二卷、第三卷，三卷《江泽民文选》收入了江泽民同志自 1980 年 8 月至 2004 年 9 月这段时间内具有代表性和独创性的重要著作，其中包括了报告、讲话、谈话、文章等共计 204 篇，共 125 万字，还有很大一部分是第一次公开发表。

将江泽民的理论著作融入"三个代表"重要思想教学中，是取得良好教学效果的必要前提，这就需要思政课教师正确处理江泽民的理论著作与教材中"三个代表"重要思想之间的关系，必须始终坚持以课程教材为主、以江泽民的理论著作为辅的基本原则，且从始至终必须遵循这个总原则。结合 2023 年春季教学，笔者重点讲述了《江泽民文选》的三篇文章。第一篇是《江泽民文选》第一卷中的《正确处理社会主义现代化建设中的若干重大关系》，该文是江泽民同志在中共十四届五中全会上讲话的一部分。文中论述了十二大关系：改革、发展、稳定的关系；速度和效益的关系；经济建设和人口、资源、环境的关系；第一、第二、第三产业的关系；东部地区和中西部地区的关系；市场机制和宏观调控的关系；公有制经济和其他经济成分的关系；收入分配中国家、企业和个人的关系；扩大对外开放和坚持自力更生的关系；中央和地方的关系；国防建设和经济建设的关系；物质文明建设和精神文明建设的关系。第二篇是《江泽民文选》第三卷中的《始终做到"三个代表"是我们党的立党之本、执政之基、力量之源》，这是江泽民同志 2000 年 5 月 14 日在上海主持召开江苏、浙江、上海党建工作座谈会时的讲话。文中联系古今中外的历史经验教训，谈及三个问题：加强新时期党的建设的重要性和紧迫性；按照"三个代表"要求切实加强党的建设；把"三个代表"要求贯彻落实到党的全部工作中去。第三篇是《江泽民文选》第三卷中的《在庆祝中国共产党成立八十周年大会上的讲话》，这篇文章是笔者在教学过程中重点向学生讲述的，文中系统论述了"三个代表"重要思想，提出一系列马克思主义的新思想、新观点、新论断，并总结了我们党领导全国各族人民经过八十年的不懈奋斗所取得的伟大业绩和基本经验，阐述了"三个代表"重要思想的科学内涵和精神实质，"三个代表"重要思想科学总结了我们党领导人民战胜各种艰难险阻、全面开创中国特色社会主义事业新局面的宝贵经验，在邓小平理论的基础上，进一步回答了什么是社会主义，怎样建设社会主义的问题，创造性地回答了建设什么样的党、怎样建设党的问题，进一步深化了对中国特色社会主义的认识，集中反映了我们党坚持以马克思列宁主义、毛泽东思想、邓小平理论为指导，坚持马克思主义基本原理同当代中国实践和时代特征相结合创造性地提出的新的重大理论成果，是马克思主义中国化时代化进程中的一重大理论成果。

第二节　江泽民的理论著作融入"毛泽东思想和中国特色社会主义理论体系概论"课程的具体步骤

一、课前的恰当选文、选段

根据教学进度表，"三个代表"重要思想的总教学学时共计 3 个。"三个代表"重要思想内容的庞大与学时数量的不足形成强烈反差。故此，思政课教师将原著融入《毛泽东思想和中国特色社会主义理论体系概论》2023 版教材，就要选择最具有代表性的文章。

结合教学内容来看，本章重点是要讲清"三个代表"重要思想的核心观点，为了更好地落实教学目标，笔者选择了江泽民同志在

2001年7月发表了《在庆祝中国共产党成立八十周年大会上的讲话》^①作为融入篇目，原因有三：一是《在庆祝中国共产党成立八十周年大会上的讲话》以深邃的历史视野，对党领导人民奋斗80年的光辉业绩梳理，讲话中讲到建党前后的两个80年，形成鲜明的对照。建党前，无数志士仁人为了救国救民进行了前仆后继的英勇头争，结果都失败了。中国共产党成立后，中国的革命、建设和改革在这80年中创造出使举世为之震惊的人间奇迹，精读本文使学生做到读史明理、读史增信，从而增强学生对党的创新理论的政治认同、思想认同、理论认同、情感认同；二是《在庆祝中国共产党成立八十周年大会上的讲话》在对于"建设一个什么样的党和怎样建设党"这一基本问题作出了明确回答，对此问题，需要学生历史地系统地看待，在改革开放和社会主义现代化建设新时期，党团结带领人们继续回答什么是社会主义、如何建设社会主义；创造性地回答建设什么样的党、如何建设党这一系列基本问题，当然，我们还需要带领学生将思考这一系列基本问题的视角延伸至今天，包括新世纪新阶段的新发展中回答了实现什么样的发展、如何发展；中国特色社会主义进入新时代，坚持和发展什么样的中国特色社会主义、怎样坚持和发展中国特色社会主义，建设什么样的社会主义现代化强国、怎样建设社会主义现代化强国，建设什么样的长期执政的马克思主义政党、怎样建设长期执政的马克思主义政党这一系列基本问题。三是《在庆祝中国共产党成立八十周年大会上的讲话》谈到了进一步解决好提高党的执政能力和领导水

---

① 《江泽民文选》第三卷，北京：人民出版社2006年版，第264—299页。

平、提高拒腐防变和抵御风险能力这两大历史性课题，提出并系统论述了"三个代表"的重要思想，通过研读《在庆祝中国共产党成立八十周年大会上的讲话》，我们发现"三个代表"重要思想是党的任务书，首先是要消灭贫穷，在中华大地上发展先进生产力；其次是消除愚昧，在中华大地上发展先进文化；最后要时刻准备艰苦奋斗、奉献牺牲，就要维护和发展中国最广大人民的根本利益。

二、课中教师讲解

（一）讲清历史线索

1989 年 6 月，党的十三届四中全会上江泽民当选为中央政治局常委、中央委员会总书记，同年 11 月，党的十三届五中全会决定江泽民为中共中央军事委员会主席，至此形成了以江泽民同志为核心的党的第三代中央领导集体。20 世纪 80 年代末到 90 年代初，国际形势风云变幻，国外发生东欧剧变，国内发生政治风波，世界社会主义出现严重曲折，一些西方国家对中国进行所谓"制裁"，我国社会主义事业发展面对巨大的困难和压力。讲好这一历史背景，引导学生理解和把握江泽民同志担任党和军队主要领导职务之际，我国正面临外有压力、内有困难的严重时刻，可谓临危受命。江泽民曾坚定表示："为了党和人民的事业，我一定鞠躬尽瘁、死而后已。"[1]1992 年，江

① 习近平：《在江泽民同志追悼会上的悼词》，人民网，网址：在江泽民同志追悼大会上的悼词—专题报道—人民网（people.com.cn）。

泽民在党的十四届一中全上就深刻指出："无论从国际还是从国内看，我们都面临着许多新情况新问题，必须从理论上、实践上作出回答并加以解决否则我们就不能更好地前进。我们必须与时俱进，继续丰富和发展马克思主义。如果因循守旧、停滞不前，我们就会落伍，我们党就有丧失先进性和领导资格的危险。"①

在这个决定党和国家前途命运的重大历史关头，为了捍卫中国特色社会主义，为了把一个繁荣发展的中国带入新的世纪，以江泽民同志为主要代表的中国共产党人旗帜鲜明地强调要坚定不移、毫不动摇地全面执行党的十一届三中全会以来的路线和基本政策，毫不动摇坚持经济建设这个中心，旗帜鲜明坚持四项基本原则，坚持改革开放，从容应对来自各方面的压力和困难，在此期间，我国综合国力大幅提升，我国经济实力、国防实力、民族凝聚力不断增强，人民生活实现了由温饱到小康的历史性跨越。在新的历史条件下不断加强党的建设、巩固党的执政地位和坚持党的基本路线、加快社会主义现代化建设等问题进行了长期思考和探索，提出了一系列创新性观点，丰富和发展了党的理论路线方针政策，进一步回答了什么是社会主义、怎样建设社会主义的问题，创造性地回答了"建设什么样的党、怎样建设党"这一重大问题，经过13年的艰苦奋斗，党和人民成功稳住了改革发展大局，为我国进一步发展打下了坚实物质基础，积累了宝贵经验。

---

① 《江泽民文选》第三卷，北京：人民出版社2006年版，第335页。

（二）讲清三个基本理论问题

"三个代表"重要思想突出强调了先进生产力对社会发展的作用。马克思主义唯物史观认为：生产力是最活跃最革命的因素，是社会发展的最终决定力量。从整个人类社会发展的历史进程看，生产力始终是促进人类社会向前发展的最基本力量。生产力不仅是社会生产方式中最活跃、最革命的因素，而且也是经济发展与社会进步的最终决定性因素。根据这一理论，我们可以看到，先进社会生产力的发展要求是指那些能够为先进社会生产力发展提供的各方面条件，这是一个涉及经济、政治、文化、社会等多种条件的系统工程。从历史上看，发展生产力是老问题，中国革命推翻三座大山说到底也是为了发展生产力；1978年改革开放以来，我们牢固树立以经济建设为中心、社会主义的根本任务是发展生产力的思想，这个思想现在当然还要讲，经常讲，但是与当前形势相比较，这还不够。江泽民高度重视科学技术在推动社会生产力发展中的重要作用。他强调："振兴经济首先要振兴科技。"[1] 他不止一次强调："我们不加紧努力，与世界先进水平的差距就会进一步拉开。掌握前人积累的科技成果，扬弃旧义，创立新知，并传播到社会，延续至后代，不断转化成生产力和社会财富，这是知识传承和发展的通途。关键是要能够在已有的基础上不断进行创新。"[2] 他敏锐注意到，以信息技术为主要标志的高新技术革命来势迅猛，提出以信息化带动工业化、发挥后发优势、实现社会生产力跨越

---

① 《江泽民文选》第一卷，北京：人民出版社2006年版，第232页。
② 《江泽民文选》第三卷，北京：人民出版社2006年版，第36页。

式发展的战略举措。"三个代表"重要思想突出强调了先进文化对社会发展目标实现的巨大能动作用。面对多元文化相互激荡，面对广大人民群众日益增长的文化需求，只有大力发展先进文化，支持健康有益的文化，努力改造落后文化，坚决抵制腐朽文化，要弘扬和培育民族精神，加强思想道德建设才能为社会主义现代化建设提供思想保证、精神动力和智力支持。"三个代表"重要思想突出强调了代表最广大人民群众的根本利益。邓小平曾指出："共同富裕，我们从改革一开始就讲，将来总有一天要成为中心课题。社会主义不是少数人富起来、大多数人穷，不是那个样子。社会主义最大的优越性就是共同富裕，这是体现社会主义本质的一个东西。"[①] 江泽民在庆祝中国共产党成立 80 周年大会上的讲话中明确指出："我们建设有中国特色社会主义的各项事业，我们进行的一切工作，既要着眼于人民现实的物质文化生活需要，同时又要着眼于促进人民素质的提高，也就是要努力促进人的全面发展。这是马克思主义关于建设社会主义新社会的本质要求。"[②] 这段论述充分体现了中国共产党坚定的人民立场，始终以人民利益为最高标准的价值取向，深刻阐明了党的事业发展、党的前途命运同人民群众根本利益的血肉联系。

---

① 《邓小平文选》第三卷，北京：人民出版社 1993 年版，第 364 页。
② 《江泽民文选》第三卷，北京：人民出版社 2006 年版，第 294 页。

第三节　江泽民的理论著作融入"毛泽东思想和中国特色社会主义理论体系概论"课程实施方案

一、《在庆祝中国共产党成立八十周年大会上的讲话》

使用说明：本文适用于第七章第一节"'三个代表'重要思想的核心观点"。

教师详解：文中系统论述了"三个代表"重要思想，提出一系列马克思主义的新思想、新观点、新论断。文章总结了我们党领导全国各族人民经过八十年的不懈奋斗所取得的伟大业绩和基本经验，阐述了"三个代表"重要思想的科学内涵和精神实质。由于课时的限制，教学中需要做到详略得当、详略结合的方式。对于"'三个代表'重要思想"的核心观点是本章教学的重中之重，这里以"中国共产党始终代表中国先进生产力的发展要求"为例。《在庆祝中国共产党成立八十周年大会上的讲话》讲话提出"发达生产力""先进生产力"的概念，指出实现现代化要形成发达生产力，关键是发展先进生产力，并且要以此为标准，我们党的一切工作，凡是符合的就坚持，凡是不符合的就纠正。现在就是要在全党建立起这样一种新的发展生产力的牢固思想。这实际上是对邓小平同志提出的发展是硬道理论断的新阐发，是对生产力标准的新阐发。总之，是体现了我们党在新世纪里对发展生产力问题的新要求。

名句精读：

（1）八十年的实践启示我们，必须始终坚持马克思主义基本原理同中国具体实际相结合，坚持科学理论的指导，坚定不移地走自己的路。这是总结我们党的历史得出的最基本的经验。马克思主义是我们认识和改造世界的强大思想武器，是指导中国革命、建设和改革的行动指南。马克思主义不是教条，只有正确运用于实践并在实践中不断发展才具有强大的生命力。

（2）八十年的实践启示我们，必须始终紧紧依靠人民群众，诚心诚意为人民谋利益，从人民群众中汲取前进的不竭力量。始终保持同人民群众的血肉联系，是我们党战胜各种困难和风险、不断取得事业成功的根本保证。

（3）生产力是最活跃最革命的因素，是社会发展的最终决定力量。生产力与生产关系、经济基础与上层建筑的矛盾，构成社会的基本矛盾。这个基本矛盾的运动，决定着社会性质的变化和社会经济政治文化的发展方向。社会主义与资本主义的根本区别，就在于它们的生产关系和上层建筑是不同的。

二、《在江泽民同志追悼大会上的悼词》

使用说明：在精读原著的过程中，始终引导学生自觉地清醒且准确把握文章写作的历史条件、时空状态、国家发展形势等基本要素。本文适用于第五章第一节"中国特色社会主义理论体系形成发展的社会历史条件"，第七章"'三个代表'重要思想"的教学内容。

教师详解：2022 年 11 月 30 日，江泽民同志在上海逝世，享年 96 岁。江泽民同志是全党全军全国各族人民公认的享有崇高威望的卓越领导人，伟大的马克思主义者，伟大的无产阶级革命家、政治家、军事家、外交家，久经考验的共产主义战士，中国特色社会主义伟大事业的杰出领导者，党的第三代中央领导集体的核心，"三个代表"重要思想的主要创立者。我们爱戴江泽民同志，怀念江泽民同志，是因为他把毕生心血和精力都献给了中国人民，为争取民族独立、人民解放和实现国家富强、人民幸福鞠躬尽瘁、奋斗终身。[①] 精读习近平总书记在《在江泽民同志追悼会上的悼词》，可以让学生清楚了解把握江泽民同志生平及功绩。

　　名句精读：

　　（1）从党的十三届四中全会到党的十六大的 13 年中，国际形势风云变幻，我国改革开放和社会主义现代化建设进程波澜壮阔。在国际国内十分复杂的形势下，江泽民同志带领党的中央领导集体，高举马克思列宁主义、毛泽东思想、邓小平理论伟大旗帜，坚持党的基本路线不动摇，紧紧依靠全党全军全国各族人民，坚定不移坚持和发展中国特色社会主义。

　　（2）他提出抓住机遇、深化改革、扩大开放、促进发展、保持稳定的基本方针，全面阐述了正确处理社会主义现代化建设中的十二大关系，深化了我们对社会主义现代化建设规律的认识，强调抓住机遇

---

① 习近平：《在江泽民同志追悼会上的悼词》，人民网，在江泽民同志追悼大会上的悼词—专题报道—人民网（people.com.cn）。

而不可丧失机遇、开拓进取而不可因循守旧，领导我们制定和实施了促进改革发展稳定的一系列方针政策和重大战略。

（3）他领导我们确立了社会主义市场经济体制的改革目标和基本框架，确立了社会主义初级阶段公有制为主体、多种所有制经济共同发展的基本经济制度和按劳分配为主体、多种分配方式并存的分配制度，锐意推进经济体制改革、政治体制改革、文化体制改革和其他各方面改革。

（4）他对全面建设小康社会、实现第三步战略目标进行了前瞻性的战略思考，强调要在 21 世纪头 20 年集中力量全面建设惠及十几亿人口的更高水平的小康社会。他强调，财大才能气粗，落后就要挨打，必须把发展作为党执政兴国的第一要务，聚精会神搞建设、一心一意谋发展。他提出坚持"引进来"和"走出去"相结合，以开放促改革促发展，领导我们加入世界贸易组织，形成对外开放新格局。

第五章

马克思主义中国化经典著作融入"毛泽东思想和中国特色社会主义理论体系概论"课程教学的实践过程研究之科学发展观篇

根据《毛泽东思想和中国特色社会主义理论体系概论》2023版教材，第八章内容为"科学发展观"，具体分为三节：第一节介绍科学发展观的科学内涵；第二节介绍科学发展观的主要内容；第三节介绍科学发展观的历史地位。

第一节　胡锦涛的理论著作融入"毛泽东思想和中国特色社会主义理论体系概论"课程的必要性研究

2019年3月18日习近平总书记在学校思想政治理论课教师座谈会上明确指出："强调思政课的政治引导功能，并不是要把课讲成简单的政治宣传，而要以透彻的学理分析回应学生，以彻底的思想理论说服学生，用真理的强大力量引导学生。"①马克思曾说过：理论只要彻底，就能说服人。但怎样才能做到呢？无论是以学理分析回应人还是思想理论说服人，本质都上都对理论的再现或展示，基于对理论熟练掌握的基本功之上，党的十八大以来，习近平总书记多次强调研读经典原著以增强看家本领。

《胡锦涛文选》于 2016 年正式出版问世，共三卷。《胡锦涛文选》记录了胡锦涛同志从担任贵州省委书记到中央政治局委员，从中共中央总书记到党的十七大，从十七大到卸任中共中央总书记，在这二十四年里的报告、讲话、信件、文章等，共计 242 篇，其中，包含了一系列事关重大、影响深远的经典文献，比如《在纪念真理标准讨论二十周年座谈会上的讲话》《在西柏坡学习考察时的讲话》《在纪念毛泽东同志诞辰一百一十周年座谈会上的讲话》《准确把握科学发展观的深刻内涵和基本要求》《关于构建社会主义和谐社会的几个问题》《深入学习领会的科学发展观》《任何困难都难不倒英雄的中国人民》等名篇，这一系列经典文献充分反映了科学发展观从孕育到形成、从发展到成熟、从重大战略思想到党的指导思想的过程。带领学生研读这些经典名篇，不仅可以让他们深刻个感受到在新世纪新阶段的这段重要历史，还有助于学生在未来的学习中更好地理解中国特色社会主义进入新时代所提出的新发展理念。

---

① 习近平：《思政课是落实立德树人根本任务的关键课程》，《求是》，2020 年第 17 期，第 12 页。

第二节　胡锦涛的理论著作融入"毛泽东思想和中国特色社会主义理论体系概论"课程的具体步骤

一、课前的恰当选文、选段

根据教学进度表，科学发展观的总教学学时共计 3 个，科学发展观理论内容的庞大与学时数量的不足形成强烈反差。故此，思政课教师将原著融入《毛泽东思想和中国特色社会主义理论体系概论》2023 版教材，就要选择最具有代表性的文章。笔者在 2023 年春季教学中，选择了《在西柏坡学习考察时的讲话》《深入学习领会的科学发展观》《任何困难都难不倒英雄的中国人民》三篇文章中最具有代表性观点的段落。

《在西柏坡学习考察时的讲话》这篇文献之所以典型，这与西柏坡在中国革命史上特殊的历史地位以及中国现阶段所面临的政治局势是分不开的，首先西柏坡见证了党的地位的历史性转折；其次胡锦涛同志到西柏坡学习考察具有丰富的时代意义。

《深入学习领会的科学发展观》这一文献，深刻阐明了新世纪新阶段，我国经济社会发展取得了举世瞩目的成就，但我国仍处于并将长期于社会主义初级阶段的基本国情没有变。我国进入发展关键期、改革攻坚期和矛盾凸显期，经济社会发展呈现一系列新的阶段性特征，主要是：第一，经济实力显著增强，同时生产力水平总体上还不高，自主创新能力还不强，长期形成的结构性矛盾和粗放型增长方式尚未根本改变；第二，社会主义市场经济体制初步建立，同时影响发展的体制机制障碍依然存在，改革攻坚面临深层次矛盾和问题；第三，人民生活总体上达到小康水平，但同时存在收入分配差距拉大趋势还未根本扭转的态势，城乡贫困人口和低收入人口还有相当数量；第四，协调发展取得显著成绩，同时农业基础薄弱、农村发展滞后的局面尚未改变，缩小城乡、区域发展差距和促进经济社会协调发展任务艰巨；第五，社会主义民主政治不断发展、依法治国基本方略扎实贯彻，同时民主法制建设与扩大人民民主和经济社会发展的要求还不完全适应，政治体制改革需要继续深化；第六，社会主义文化更加繁荣，同时人民精神文化需求日趋旺盛，人们思想活动的独立性、选择性、多变性、差异性明显增强，对发展社会主义先进文化提出了更高要求；第七，社会活力显著增强，同时社会结构、社会组织形式、社会利益格局发生深刻变化，社会建设和管理面临诸多新课题；第八，对外开放日益扩大，同时面临的国际竞争日趋激烈，发达国家在经济科技上占优势的压力长期存在，可以预见和难以预见的风险增多，统筹国内发展和对外开放要求更高。这些阶段性特征是社会主义初级阶段基本国情在新世纪新阶段的具体表现，反映了我国经济社会发展面临的新形势新矛盾和新问题。以胡锦涛同志为主要代表的中国共产党人，在深刻把握我国基本国情和经济社会发展新的阶段性特征的基础上，在应对和战胜各种突如其来的严重困难和挑战的过程中，继续回答了什么是社会主义、怎样建设社会主义和建设什么样的党、怎样建设党的问题，创造性地回答了"实现什么样的发展、怎样发展"这一重大问题，为我们始终保持清醒头脑立足社会主义初级阶段这个最大实际，解决好一系列制约科学发展的突出矛盾和复杂问题，保持我国经济社会发展良好势头提供了有力思想武器。

二、课中教师讲解

（一）讲清理论线索

科学发展观等重大战略思想的形成和发展是对我们党四代领导人对发展探索活动的历史相延。早在 1956 年，毛泽东在《论十大关系》[①] 等重要论述中，就阐明了一系列关于社会主义建设的重要思想观点，从某种意义上说，是叩击了科学发展观之门。1978 年党的十一届三中全会做出改革开放的伟大决策，并与此相应地制定了一系列重大方针政策。20 世纪、21 世纪之交，江泽民等先后制定并实施了科教兴国、可持续发展和西部大开发等重大战略。2002 年党的十六大以来，以胡锦涛为总书记的党中央在邓小平理论和"三个代表"重要思想指导下进一步拓展了党的发展观，明确提出了科学发展观，由此可说，科学发展是我们党四代领导人的艰辛探索的集体结晶，是其对发展探索的实践相延。

从人类社会的文明发展史来看，西方发达资本主义国家的发展经历了从单一的经济增长到经济社会全面发展的历史过程，其发展观也

[①] 在前文详细讲述了《论十大关系》这一经典文献，在"科学发展观"这部分讲授中，仍有重要理论和历史价值。

经历了由单一的经济增长到全面发展观的历史过程，有较为低级发展形态向较为高级的发展形态转化和提升。

（二）讲清现实问题

列宁曾指出："只有首先考虑到各个时代的不同的基本特征，而不是个别国家的个别历史事件，我们才能够正确地制定自己的策略；只有了解了某一时代的基本特征，才能在这一基础上去考虑这个国家或那个国家的更具体的特点。"[①] 这里的现实，历史具体地指是在本世纪初。在新世纪、新阶段的发展中的一些现实问题呼唤科学发展，经过 30 余年的改革开放和现代化建设，到 20 世纪末，我国人民生活水平达到了总体小康，实现了由温饱到总体小康的历史性跨越。与此同时，我们在发展过程中遇到了许多矛盾和问题。例如，资源消耗过多、生态环境破坏严重。我国每增加单位 GDP 的废水排放量比发达国家高 4 倍，单位工业产值产生的固体废弃物比发达国家高 10 多倍；我国单位 GDP 的能耗是日本的 7 倍、美国的 6 倍甚至是印度的 2.8 倍。社会发展相对滞后，出现了一系列社会问题。特别是 2003 年初的"非典"疫情，充分暴露了我们在发展中存在的严重问题，此外，我国还经历了国内种种严重自然灾害和国内外的突发事件，尤其是 2002 年的特大洪灾，2003 年的非典疫情，2008 年初南方十几个省份百年不遇的冰雪灾害和"5.12"四川汶川特大地震，与此同时，面对动荡不安的世界局面，不稳定因素在不断增加，国际金融危机的严重

---

① 《列宁全集》第二十六卷，北京：人民出版社 1988 年版，第 143 页。

影响。

但我们也深知，发展中产生的问题需要用发展来解决。对此，胡锦涛在当时的历史节点，提出了科学发展观重要思想，正如胡锦涛同志所指出的那样："只有紧紧抓住和搞好发展，才能从根本上把握人民的愿望，把握社会主义现代化建设的本质，把握我们党执政兴国的关键。"[①] 这是党的十六大以来科学发展观形成发展的时代要求。

（三）讲清科学发展观对民生领域的作用

2005 年 12 月 29 日，十届全国人大常委会第十九次会议决定自 2006 年 1 月 1 日起废止《中华人民共和国农业税条例》。由此，国家不再针对农业单独征税，一个在我国存在两千多年的古老税种宣告终结。农业税的取消，根本性地扭转了农民负担过重的状况，给亿万农民带来了看得见、摸得着的实惠。2005 年 12 月 23 日，温家宝总理主持国务院常务会议，决定发出《国务院关于深化农村义务教育经费保障机制改革的通知》，按照"明确各级责任、中央地方共担、加大财政投入、提高保障水平、分步组织实施"的基本原则，将农村义务教育全面纳入公共财政保障范围，建立中央和地方分项目、按比例分担的农村义务教育经费保障机制。从 2006 年开始，我国开始全部免除西部地区农村义务教育阶段学生学杂费，2007 年扩大到中部和东部地区；对贫困家庭学生免费提供教科书并补助寄宿生生活费。免学杂费资金由中央和地方按比例分担，对贫困家庭学生免费提供教科书

---

① 《胡锦涛文选》第三卷，人民出版社 2016 年版，第 3 页。

的资金，中西部地区由中央全额承担，补助寄宿生生活费资金由地方承担。

在这里也要强调，改善民生是我们党永恒不变的价值追求，我们党不懈努力让改革发展成果更多更公平惠及全体人民，朝着实现全体人民共同富裕的目标不断迈进。从实行家庭联产承包、乡镇企业异军突起，取消农业税到农村承包地三权分置，打赢脱贫攻坚战，实施乡村振兴战略；从兴办深圳等经济特区，沿海沿边沿江沿线和内陆中心城市对外开放到加入世贸组织，共建"一带一路"、设立自由贸易试验区、举办国际进口博览会；从"引进来"到"走出去"。从搞好国营大中小企业，发展个体私营经济到深化国资国企改革、发展混合所有制经济；从单一公有制到公有制为主体、多种所有制经济共同发展和坚持"两个毫不动摇"；从传统计划经济体制到前无古人的社会主义市场经济体制，再到使市场在资源配置中起基础性作用，更好发挥政府作用；从以经济体制改革为主到推进经济、政治、文化、社会领域改革，一系列重大改革扎实推进，改革成为当代中国最显著的特征、最壮丽的气象。

三、课后学生思考及体会

教育意味着一棵树摇动一棵树，一朵云推动一朵云，一个灵魂唤醒另一个灵魂。教育关系到把受教育者培养成为什么样的社会角色和具有什么样素质的根本性质问题。在课堂上讲授的内容，需要学生在课后用时间消化，用心去感受。以下是笔者在 2023 春季"毛泽东思想和中国特色社会主义理论体系概论"教学中，学生阅读《在西柏坡学习考察时的讲话》的心得体会，学生通过阅读经典，感受胡锦涛等同志前往西柏坡的学习考察活动蕴涵的深刻意义。

学生姓名：陈嘉兴

班级：管理学院 2102B 运营

学号：2021110353072

作为一名大学生，翻看《胡锦涛文选》第二卷的第一篇文章《在西柏坡学习考察时的讲话》，内心的感触良多。当时发生在中共十六大闭幕不久，胡锦涛就前往西柏坡学习考察，提出要牢记毛泽东"两个务必"的教导，坚持和发扬艰苦奋斗的优良作风；同时要求各级领导干部要深入基层，关心群众疾苦，帮助贫困群众解决实际困难，这使我联想到老师讲授"三个代表"重要思想的时候，说到江泽民同志到中共中央工作不久，前往延安等革命圣地去学习考察的情景，同样寓意深远。这充分体现了中共中央领导集体发扬革命传统、牢记党的宗旨、坚持执政为民的坚定信念和优良作风。

胡锦涛同志的话，让我印象深刻，共产党人坚持艰苦奋斗的优良传统不能丢，坚持为广大人民群众谋利益的根本目的不能丢，坚持共产党人的楷模作用不能丢。牢记"两个务必"，永葆共产党人艰苦奋斗的政治本色，努力实践"三个代表"重要思想，维护党的崇高形象，做到思想和行动的统一，以工作的落实和工作的效果取信于民。西柏坡精神是我们党宝贵的精神财富，更是我们国人民宝贵的、独特的精神财富。新中国成立以来，特别是改革开放以来，全国干部群众大力弘扬西柏坡精神，解放思想，开拓创新，取得了令人瞩目的成就，城市建设突飞猛进，综合实力明显增强，人民生活水平不断提高。而对新世纪的发展机遇和挑战，把我们的事业继续推向前进，就要进一步继承和发扬西柏坡精神，用西柏坡精神团结和鼓舞全国人民。继承西柏坡精神，就要发扬实事求是、勇于探索的精神。西柏坡时期，辽沈、淮海、平津三大战略决战的胜利，标志着国民反动统治已告结束，取而代之的新中国又该是什么样子呢？

毛泽东和他的战友们殚精竭虑，把马克思主义的普遍真理和中国的具体实践相结合，在带领全国人民打碎旧中国的同时，倾心细致地描绘新中国的蓝图。这个新中国的构想，以过去长期的工作积累和思想积累为基础，在西柏坡时期形成了明晰的理论和政策思路：中国半殖民地半封建社会的牺牲国情，决定了中国社会发展的特殊性，即必须是建立新民主主义共和国，进而走向社会主义；中国革命胜利后，要建立无产阶级领导的以工农联盟为基础的人民民主专政；并实事求是地分析了新民主主义的基本经济形态以及经济政策。

通过读这篇文章，我又一次回顾了我们党带领人民进行伟大革命斗争的历史，重温了毛泽东同志在党的七届二中全会上的重要讲话，牢记了毛泽东同志当年倡导的"两个务必"，要求我从自身做起，大力发扬艰苦奋斗的作风，作为一个合格的党员，一名合格的干部，始终保持党员的先进性，按照党员的标准严格要求自己，全心全意为群众服务。

研究历史是为了现实和未来。历史虽不会重复，却往往有许多相似之处。现在，历史条件发生了很大变化，但就西柏坡精神所体现的中国共产党人的崇高理想、历史使命和时代主题而言，其实质并没有过时，至今还有着鲜明的时代特征。在革命大转折时期形成的西柏坡精神，作为中国共产党人的政治优势和宝贵财富，特别值得我们今天继承和发扬。目前，我国已经全面建成了小康社会，迈进了全面建设社会主义现代化的新征程，正在积极贯彻习近平新时代中国特色社会主义思想，在面对这样的机遇的同时，西柏坡精神对于未来的社会主义现代化建设，意义尤其重要。

第三节　胡锦涛的理论著作融入"毛泽东思想和中国特色社会主义理论体系概论"课程实施方案

笔者将以《在西柏坡学习考察时的讲话》为例说明。

使用说明：本文适用于第八章"科学发展观"第二节"科学发展观的主要内容"的第六目"全面提高党的建设科学化水平"，原文共计 6900 字，此文建议教师带领精读。此文历史穿透感充分，在本课程最后一个章节中融入，有利于加强对前面学习的回顾。通过牢记毛泽东同志当年倡导的"两个务必"，强调从自身做起，号召全党同志特别是领导干部，大力发扬艰苦奋斗的作风，为实现党的十六大确定的目标和任务开拓进取、团结奋斗。

原文（节选）：

《在西柏坡学习考察时的讲话》①

现在，目标已经确定，蓝图已经绘就。要实现宏伟目标，把蓝图变成美好的现实，需要全党同志和全国各族人民团结一致，艰苦奋斗。在这样的时刻，重温毛泽东同志在党的七届二中全会上的重要讲话，重温邓小平同志、江泽民同志关于全党和全国人民要长期艰苦奋斗的一系列论述，结合新的实际坚持做到"两个务必"，具有十分重要的意义。

通过参观学习，我们进一步了解了党的七届二中全会和毛泽东同志提出"两个务必"的历史背景和重大意义。从1947年5月刘少奇、朱德同志抵达西柏坡和1948年4月周恩来、任弼时同志、5月毛泽东同志抵达西柏坡，到1949年3月23日毛泽东同志和党中央离开西柏坡前往北京，这一段时期在我们党的历史上具有重大的意义。周恩来同志曾经说过，西柏坡是我们党进入北京、解放全中国的最后一个农村指挥所，党中央和毛泽东同志在这里指挥了辽沈、平津、淮海三大战役。1949年3月5日到13日，我们党在西柏坡召开了七届二中全会。这是我们党在中国革命的重大历史关头召开的一次极其重要的会议。当时，中国革命处于全国胜利的前夜。我们党领导人民经过28年的浴血奋战，即将完成以农村包围城市、最后夺取全国胜利的历史任务，掌握全国政权、建立新中国的历史使命摆在了党的面前。随着中国革命局势的胜利发展，我们党面临的主要任务将由通过武装斗争夺取政权转向掌握全国政权、领导人民建设国家，我们党的工作重心将由农村转向城市。面对这个重大的历史转折，党中央和毛泽东同志深刻地认识到，如何使全党同志在伟大的胜利面前保持清醒的头脑，在夺取全国政权后经受住执政的考验，始终坚持党的性质和宗旨，防止出现骄傲自满、贪图享乐、脱离群众而导

---

① 《胡锦涛文选》第二卷，北京：人民出版社2016年版，第1页。

致人亡政息的危险，是我们党面临的全新的历史性课题，必须及时地、郑重地向全党提出这个问题，使全党同志保持高度的警觉，做好充分的思想准备。在党的七届二中全会上，毛泽东同志高瞻远瞩地向全党特别是高级干部敲了警钟，提出了全党同志必须做到"两个务必"的著名论述。这里，我想完整地念一下这段论述。

毛泽东同志深刻地指出："我们很快就要在全国胜利了。这个胜利将冲破帝国主义的东方战线，具有伟大的国际意义。夺取这个胜利，已经是不要很久的时间和不要花费很大的气力了；巩固这个胜利，则是需要很久的时间和要花费很大的气力的事情。资产阶级怀疑我们的建设能力。帝国主义者估计我们终究会要向他们讨乞才能活下去。因为胜利，党内的骄傲情绪，以功臣自居的情绪，停顿起来不求进步的情绪，贪图享乐不愿再过艰苦生活的情绪，可能生长。因为胜利，人民感谢我们，资产阶级也会出来捧场。敌人的武力是不能征服我们的，这点已经得到证明了。资产阶级的捧场则可能征服我们队伍中的意志薄弱者。可能有这样一些共产党人，他们是不曾被拿枪的敌人征服过的，他们在这些敌人面前不愧英雄的称号；但是经不起人们用糖衣裹着的炮弹的攻击，他们在糖弹面前要打败仗。我们必须预防这种情况。夺取全国胜利，这只是万里长征走完了第一步。如果这一步也值得骄傲，那是比较渺小的，更值得骄傲的还在后头。在过了几十年之后来看中国人民民主革命的胜利，就会使人们感觉那好像只是一出长剧的一个短小的序幕。剧是必须从序幕开始的，但序幕还不是高潮。中国的革命是伟大的，但革命以后的路程更长，工作更伟大，更艰苦。这一点现在就必须向党内讲明白，务必使同志们继续地保持谦虚、谨慎、不骄、不躁的作风，务必使同志们继续地保持艰苦奋斗的作风。我们有批评和自我批评这个马克思列宁主义的武器。我们能够去掉不良作风，保持优良作风。我们能够学会我们原来不懂的东西。我们不但善于破坏一个旧世界，我们还将善于建设一个新世界。"

毛泽东同志的这段论述非常重要，特别是其中的两个重要思想具有长远的指导意义。一是，在伟大的成就面前，党内一部分同志可能会骄傲起来，贪图享乐的思想可能滋长，不愿意再做艰苦的工作，如果不坚决防范和克服这种情绪，党的事业就不能继续向前发展，甚至会失败。二是，不论我们党取得什么样的成就，都必须长期艰苦奋斗，始终坚持马克思主义政党的本色和宗旨，不断维护和实现最广大人民的根本利益，这样我们党才能始终保持同人民群众的血肉联系，始终得到广大人民群众的拥护和支持，始终立于不败之地。

新中国成立50多年来，我们党对坚持艰苦奋斗的问题一直是高度重视的，总是反复地、经常地向全党同志特别是领导干部加以强调。

新中国成立后，毛泽东同志曾多次要求全党同志和领导干部要坚持艰苦奋斗。他说："要使全体干部和全体人民经常想到我国是一个社会主义的大国，但又是一个经济落后的穷国，这是一个很大的矛盾。要使我国富强起来，需要几十年艰苦奋斗的时间。"他强调："我们要保持过去革命战争时期的那么一股劲，那么一股革命热情，那么一种拼命精神，把革命工作做到底。"

党的十一届三中全会以后，邓小平同志一再告诫全党："中国搞四个现代化，要老老实实地艰苦创业。我们穷，底子薄，教育、科学、文化都落后，这就决定了我们还要有一个艰苦奋斗的过程。"他还说："艰苦奋斗是我们的传统，艰苦朴素的教育今后要抓紧，一直要抓六十至七十年。我们的国家越发展，越要抓艰苦创业。提倡艰苦创业精神，也有助于克服腐败现象。"

党的十三届四中全会以后，江泽民同志反复强调全党特别是领导干部要永远艰苦奋斗。1991年9月，江泽民同志专程来到西柏坡，强调在新的历史条件下全党同志必须始终坚持"两个务必"，并作了重要题词："牢记'两个务必'，建设有中国特色的社会主义。"1995年，江泽民同志强调："艰苦奋斗，是中国共产党的光荣传统，是我们党保持同人民群众密切联系的一个法宝，也是一个干部特别是领导干部必须具备的基本政治素质。我们党正是靠艰苦奋斗不断发展壮大起来的。过去干革命需要艰苦奋斗，今天搞社会主义现代化建设，同样要靠艰苦奋斗。"1997年，江泽民同志指出："党的性质和肩负的历史使命，决定了我们艰苦奋斗的本色。实现党的崇高理想需要经过长时间的奋斗，广大党员和干部无论在什么情况下都要发扬艰苦奋斗精神，永不停步地前进。"2001年11月，他到河北考察工作时，再一次要求全党同志坚持"两个务必"，指出："要结合新的实际在全体党员干部中广泛开展坚持'两个务必'的教育，使全党同志在日益复杂的国内外环境中始终保持清醒的头脑，居安思危，增强忧患意识，扎扎实实地为国家和人民工作。"

党的三代领导核心关于坚持艰苦奋斗的论述，语重心长、寓意深刻，我们要认真领会，切实贯彻。

现在，我国已进入全面建设小康社会、加快推进社会主义现代化的新的发展阶段。经过十一届三中全会以来20多年特别是十三届四中全会以来13年的艰苦奋斗，我国的改革开放和社会主义现代化建设取得了举世瞩目的伟大成就，我们完全有理由为此感到自豪，但我们决不能自满，决不能懈怠，决不能停滞。成绩越大，喝彩声越多，我们越要保持清醒的头脑。而且，必须看到，我们取得的成就只是在伟大征途上迈出的坚实一步，要完成十六大提出的全面建设小康社会的奋斗目标，要完成基本实现现代化、把我国建设成为富强民主文明的社会主义国家的历史任务，要不断开创中国特色社会主义事业新局面，我们要走的路还长得很，我们肩负的任务还很艰巨，我们可能遇到的困难和挑战还会很多，我们必须始终谦虚谨慎、艰苦奋斗。

中华民族历来以勤劳勇敢、不畏艰苦著称于世。我们的古人早就讲过，"艰难困苦，玉汝于成"，"居安思危，戒奢以俭"，"忧劳兴国，逸豫亡身"，"生于忧患，死于安乐"，等等。这些警世名言，今天对我们依然有着重要的启示作用。历史和现实都表明，一个没有艰苦奋斗精神作支撑的民族，是难以自立自强的；一个没有艰苦奋斗精神作支撑的国家，是难以发展进步的；一个没有艰苦奋斗精神作支撑的政党，是难以兴旺发达的。在我们党80多年的历程中，艰苦奋斗作为强大的精神力量，始终激励着我们顽强进取、百折不挠，在各种困难和考验面前巍然屹立、敢于胜利。可以说，我们党是靠艰苦奋斗起家的，也是靠艰苦奋斗发展壮大、成就伟业的。没有艰苦奋斗，就没有我们党今天的局面。艰苦奋斗作为我们党的优良传统和作风，作为我们马克思主义政党的政治本色，是凝聚党心民心、激励全党和全体人民为实现国家富强、民族振兴共同奋斗的强大精神力量，是我们党保持同人民群众血肉联系的一个重要法宝。在革命战争年代和社会主义革命、建设、改革时期，千千万万革命先辈和共产党人为了党和人民的事业无私奉献、忘我奋斗，他们中的许多人不惜牺牲了宝贵的生命，谱写了我们党坚持艰苦奋斗的壮丽篇章。我们永远不能忘记他们为党和人民建立的丰功伟绩，永远不能忘记他们用生命培育的奋斗精神，一定要继承和发扬他们的优秀品质和崇高精神，做到为党和人民的事业生命不息、奋斗不止。

应该看到，这些年来，拜金主义、享乐主义和奢靡之风在党员队伍和干部队伍中有滋长蔓延之势，艰苦奋斗的优良作风在一部分党员、干部那里被淡忘了，在少数人那里甚至被丢得差不多了。大量事实表明，在新的历史条件下，能不能坚持发扬艰苦奋斗的优良作风，能不能经得起权力、金钱、美色的诱惑，对每个党员特别是领导干部是一个很现实的考验。我们讲艰苦奋斗，当然不是要人们去过清教徒式、苦行僧式的生活，也不是要否定合理的物质利益，而是要大力提倡艰苦奋斗、自强不息，与时俱进、开拓创新的精神，要求每个领导干部始终保持共产党人的政治本色。越是改革开放和发展社会主义市场经济，越要弘扬艰苦奋斗的精神。即使将来我们的国家发达了，人民的生活富裕了，艰苦奋斗的精神也不能丢。那种认为艰苦奋斗是老一套、已经过时了的想法是错误的，也是很有害的。

这里，我向全党同志特别是领导干部提四点希望。第一，牢记我国的基本国情和我们党的庄严使命，树立为党和人民长期艰苦奋斗的思想。要深刻认识坚持艰苦奋斗的重要性，关键是要清醒地认识我国的基本国情。我国正处于并将长期处于社会主义初级阶段，人民日益增长的物质文化需要同落后的社会生产之间的矛盾仍然是我国社会的主要矛盾。十六大报告在提出全面建设小康社会的奋斗目标时，深刻分析了我们面临的突出问题和困难，向全党和全国人民明确提出了必须长时期艰苦奋斗的要求。我国是一个有近13亿人口的发展中大国，生产力和科技、教育比较落后，实现工业化和现代化还有很长的路要走。我国人民生活总体上达到了小康水平，但现在达到的小康还是低水平的、不全面的、发展很不平衡的小康，巩固和提高目前达到的小康水平，还需要进行长期的艰苦奋斗。同世界先进水平相比，我国的经济实力、科技实力、国防实力还存在很大的差距，我们仍然面临发达国家在经济科技等方面占优势的压力。面对复杂多变的国际局势，国内繁重艰巨的改革、建设任务和我们党肩负的庄严使命，我们没有任何理由陶醉于已有的成绩而稍有懈怠，没有任何理由固步自封而止步不前，没有任何理由满足现状而不思进取。全党同志特别是各级领导干部必须清醒地看到激烈的国际竞争给我们带来的严峻挑战，清醒地看到我们肩负的任务的艰巨性和复杂性，清醒地看到我们工作中存在的困难和风险，增强忧患意识，居安思危，深刻认识坚持艰苦奋斗的极端重要性，牢固树立为党和人民长期艰苦奋斗的思想。第二，牢记全心全意为人民服务的宗旨，始终不渝地为最广大人民谋利益。艰苦奋斗，是我们党作为马克思主义政党的本色，也是我们党坚持执政为民、始终成为中国特色社会主义事业领导核心的必然要求。只有坚持艰苦奋斗，心中装着人民群众，始终同人民群众同呼吸、共命运、心连心，才能保持我们党同人民群众的血肉联系，才能增强抵御腐朽思想侵蚀的能力，才能不断与时俱进、开拓创新。如果丢掉了艰苦奋斗的作风，贪图享乐，不愿意再做艰苦的工作，对群众的疾苦漠然置之，对群众的呼声充耳不闻，就必然会脱离群众。牢记党的宗旨，坚持艰苦奋斗，这两者之间有着十分紧密的联系。只有牢记全心全意为人民服务的宗旨，才能保持艰苦奋斗的革命意志和革命品格；只有坚持艰苦奋斗，才能更好地履行全心全意为人民服务的宗旨。坚持艰苦奋斗，根本目的就是要为最广大人民的根本利益而不懈努力，不断把人民群众的利益维护好、实现好、发展好。这也是我们贯彻"三个代表"重要思想的必然要求。各级领导干部要坚持深入基层、深入群众，倾听群众呼声，关心群众疾苦，时刻把人民群众的安危冷暖挂在心上，做到权为民所用，情为民所系，利为民所谋。尤其要关心那些生产和生活遇到困难的群众，深入到贫困地区、困难企业中去，深入到下岗职工、农村贫困人口、城市贫困居民等困难群众中去，千方百计地帮助他们解决实际困难。要通过扎实有效的工作，实实在在地为群众谋利益，带领群众创造自己的幸福生活。第三，牢记党的基本理论、基本路线、基本纲领和基本经验，以艰苦奋斗的精神做好各项工作。发扬艰苦奋斗的作风，要同贯彻落实党的基本理论、基本路线、基本纲领和基本经验紧密结合起来，同全面贯彻落实"三个代表"重要思想紧密结合起来。实践证明，要把党的事业不断推向前进，需要有正确理论、路线和方针政策的指引，还要有良好的精神状态和扎实的作风，经过艰苦奋斗，把各项工作落到实处。我们讲要聚精会神搞建设，一心一意谋发展，不下真功夫、苦功夫是不行的。所有领导干部要保持昂扬向上的精神状态，发扬百折不挠的斗志，坚定不移地在工作中贯彻落实党的理论、路线和方针政策，扎扎实实地做好各项工作。要坚持实现远大目标和切实做好当前工作的统一，坚持发扬共产党人的革命精神和坚持科学务实态度的统一，脚踏实地，埋头苦干，讲实效，办实事，坚决反对形式主义和官僚主义。要不畏艰难，奋力拼搏，勇于开拓，善于创新，在带领群众战胜困难的过程中，切实落实党的方针政策，全面做好改革发展稳定的各项工作。第四，牢记党和人民的重托和肩负的历史责任，自觉在艰苦奋斗的实践中加强党性锻炼。毛泽东同志曾经指出："坚定正确的政治方向，是与艰苦奋斗的工作作风不能脱离的，没有坚定正确的政治方向，就不能激发艰苦奋斗的工作作风；没有艰苦奋斗的工作作风，也就不能执行坚定正确的政治方向。"毛泽东同志的这段话，深刻地揭示了坚持正确的政治方向和坚持艰苦奋斗之间的辩证关系。对于共产党员和领导干部来说，保持和弘扬艰苦奋斗的精神，说到底就是牢固树立和坚持马克思主义的世界观、人生观、价值观的问题。只有从根本上解决好世界观、人生观、价值观的问题，牢固树立群众观点，才能使艰苦奋斗的精神在思想上真正扎根、在行动上自觉体现。只有真正做到为党和人民艰苦奋斗，才能在思想上作风上真正贴近群众，也才能在实践中不断解决好世界观、人生观、价值观的问题。总之，艰苦奋斗既是我们必须大力弘扬的工作作风，又是我们必须大力弘扬的思想作风，是共产党人应有的政治品质。

参考文献

一、著作类

[1]《马克思恩格斯选集》第一卷，北京：人民出版社 2012 年版。

[2]《马克思恩格斯选集》第二卷，北京：人民出版社 2012 年版。

[3]《马克思恩格斯选集》第三卷，北京：人民出版社 2012 年版。

[4]《马克思恩格斯选集》第四卷，北京：人民出版社 2012 年版。

[5]《毛泽东选集》第一卷，北京：人民出版社 1991 年版。

[6]《毛泽东选集》第二卷，北京：人民出版社 1991 年版。

[7]《毛泽东选集》第三卷，北京：人民出版社 1991 年版。

[8]《毛泽东选集》第四卷，北京：人民出版社 1991 年版。

[9]《毛泽东文集》第一卷，北京：人民出版社 1999 年版。

[10]《毛泽东文集》第二卷，北京：人民出版社 1999 年版。

[11]《毛泽东文集》第三卷，北京：人民出版社 1999 年版。

[12]《毛泽东文集》第四卷，北京：人民出版社 1999 年版。

[13]《毛泽东文集》第五卷，北京：人民出版社 1999 年版。

[14]《毛泽东文集》第六卷，北京：人民出版社 1999 年版。

[15]《毛泽东文集》第七卷，北京：人民出版社 1999 年版。

[16]《毛泽东文集》第八卷，北京：人民出版社 1999 年版。

[17]《毛泽东早期文稿》（1912.6—1920.11），长沙：湖南出版社 1990 年版。

[18]《毛泽东年谱（1893—1949）（修订本）》（上）（中）（下），北京：中央文献出版社 2013 年版。

[19]《毛泽东年谱（1949—1976）》（全六卷），北京：中央文献出版社 2013 年版。

[20]《建国以来毛泽东文稿》第五册，北京：中央文献出版社 1991 年版。

[21]《建国以来毛泽东文稿》第六册，北京：中央文献出版社 1992 年版。

[22]《建国以来毛泽东文稿》第七册，北京：中央文献出版社 1992 年版。

[23]《建国以来毛泽东文稿》第八册，北京：中央文献出版社 1998 年版。

[24]《建国以来重要文献选编》第十一册，北京：中央文献出版社 1995 年版。

[25]《建国以来重要文献选编》第十五册，北京：中央文献出版社 1997 年版。

[26]《建党以来重要文献选编（1921—1949）》（第二十册），北

京：中央文献出版社 2011 年版。

[27]《邓小平文选》第一卷，北京：人民出版社 1994 年第 2 版。

[28]《邓小平文选》第二卷，北京：人民出版社 1994 年第 2 版。

[29]《邓小平文选》第三卷，北京：人民出版社 1993 年。

[30]《邓小平年谱（1904—1974）》，（上、中、下），北京：中央文献出版社出版 2009 年版。

[31]《邓小平年谱（1975—1997）》（上）（下），北京：中央文献出版社出版 2004 年版。

[32]《江泽民论有中国特色社会主义（专题摘编）》，北京：中央文献出版社 2002 年版。

[33]《江泽民文选》第一卷，北京：人民出版社 2006 年版。

[34]《江泽民文选》第二卷，北京：人民出版社 2006 年版。

[35]《江泽民文选》第三卷，北京：人民出版社 2006 年版。

[36]《胡锦涛文选》第一卷，北京：人民出版社 2016 年版。

[37]《胡锦涛文选》第二卷，北京：人民出版社 2016 年版。

[38]《胡锦涛文选》第三卷，北京：人民出版社 2016 年版。

[39]《十八大以来重要文献选编》（上），北京：中央文献出版社 2014 年版。

[40]《十八大以来重要文献选编》（中），北京：中央文献出版社 2016 年版。

[41]《十八大以来重要文献选编》（下），北京：中央文献出版社 2018 年版。

[42]《十九大以来重要文献选编》（上），北京：中央文献出版社2019年版。

[43]《十九大以来重要文献选编》（中），北京：中央文献出版社2021年版。

[44]《十九大以来重要文献选编》（下），北京：中央文献出版社2023年版。

[45]《习近平谈治国理政》第一卷，北京：外文出版社2018年第2版。

[46]《习近平谈治国理政》第二卷，北京：外文出版社2017年。

[47]《习近平谈治国理政》第三卷，北京：外文出版社2020年。

[48]《习近平谈治国理政》第四卷，北京：外文出版社2022年。

[49] 习近平：《在全国党校工作会议上的讲话》，北京：人民出版社2016年版。

[50] 习近平：《在庆祝中国共产党成立95周年大会上的讲话》，北京：人民出版社2016年版。

[51] 习近平：《在庆祝中国共产党成立100周年大会上的讲话》，北京：人民出版社2021年版。

[52] 孙伯鍨，张一兵：《走进马克思》，江苏：江苏人民出版社，2001年版。

[53] 艾四林、吴潜涛编：《北京高校马克思主义理论学科与思想政治理论课建设发展报告（2017）》，北京：人民出版社2018年版。

[54] 艾四林、吴潜涛编：《北京高校马克思主义理论学科与思想

政治理论课建设发展报告（2018）》，北京：研究出版社 2019 年版。

[55] 艾四林、吴潜涛编：《北京高校马克思主义理论学科与思想政治理论课建设发展报告（2019）》，北京：研究出版社 2020 年版。

[56] 艾四林、吴潜涛编：《北京高校马克思主义理论学科与思想政治理论课建设发展报告（2020）》，北京：研究出版社 2021 年版。

[57] 皇甫束玉：《中国革命根据地教育纪事》，北京：教育科学出版社 1989 年版。

[58] 本书编委会编：《中国共产党领导——脱贫攻坚的经验与启示》，北京：当代世界出版社 2020 年版。

[59] 张一兵：《当代国外马克思主义哲学思潮》（上卷）（中卷）（下卷），南京：江苏人民出版社 2012 年版。

[60] 赵剑英：《复兴中国——中共第三代对中国现代化的新追求》，北京：社会科学文献出版社 1999 年版。

[61] 顾龙生编著：《毛泽东经济年谱》，北京：中共中央党校出版社 1993 年版。

[62] 胡绳：《中国共产党的七十年》，北京：中共党史出版社 1991 年版。

[63] 薄一波：《若干重大决策与事件的回顾（上卷）》，北京：中共中央党校出版社 1991 年版。

[64] 李岚清：《突围：国门初开的岁月》，北京：中央文献出版社 2008 年版。

[65] 龚育之：《党史札记末编》，北京：中共党史出版社 2008

年版。

[66] 沈宝祥:《真理标准问题讨论始末》,北京：中国青年出版社1997年版。

[67] 陈克鑫,叶健君:《邓小平大决策》,长沙：湖南人民出版社2010年版。

[68] 叶永烈:《邓小平改变中国》,成都：四川人民出版社2014年版。

[69] 张海荣:《点击1978年以来重大事件与决策（1978—1989）》,长沙：湖南人民出版社2009年版。

[70] 王炳林:《邓小平理论与中共党史学》,北京：北京出版社2000年版。

[71] 翟林东,邹兆辰,张剑平等:《唯物史观与中国历史学》,上海：上海人民出版社2013年版。

二、期刊报纸类

[1] 习近平:《不断开拓当代中国马克思主义政治经济学新境界》,《求是》2020年第16期。

[2] 陈先达:《论与时俱进与理论创新》,《中国特色社会主义研究》2002年第4期。

[3] 沙健孙:《关于社会主义改造问题的再评价》,《当代中国史研究》2005年第1期。

[4] 穆兆勇:《旗帜·道路：党的两个历史决议的比较研究》,《中

共党史研究》2014 年第 4 期。

[5] 雷云:《论党的两个历史决议与两次历史性飞跃和两大理论成果——纪念中国共产党成立八十周年》,《浙江学刊》2001 年第 3 期。

[6] 龚育之:《中国社会主义初级阶段的理论、路线和纲领》,《中共中央党校学报》1998 年第 1 期。

[7] 龚育之:《在党的历史决议的基础上前进》,《中共党史研究》2001 年第 2 期。

[8] 石仲泉:《坚持和弘扬〈历史决议〉的科学历史观》,《中共党史研究》,2011 年第 11 期。

[9] 陈东林:《论〈关于建国以来党的若干历史问题的决议〉对国史研究的奠基和指作用》,《毛泽东邓小平理论研究》2010 第 9 期。

[10] 武志军:《马克思主义哲学方法论与党的两个历史决议》,《宁夏党校学报》2011 年第 4 期。

[11] 宋月红:《两个〈历史决议〉的认识论基础》,《当代中国史研究》2011 年第 4 期。

[12]《中共中央召开党外人士座谈会 习近平主持并发表重要讲话》,《人民日报》,2013 年 11 月 14 日,第 1 版。

[14]《习近平在中央统战工作会议上强调 促进海内外中华儿女团结奋斗 为中华民族伟大复兴汇聚伟力 李克强栗战书王沪宁赵乐际韩正出席 汪洋讲话》,《人民日报》,2022 年 7 月 31 日,第 1 版。

[15] 孙正聿:《读经典、悟原理,掌握"看家本领"》,《吉林大学社会科学学报》2019 年第 6 期。

[16] 孔祥云、冯务中:《论"三个代表"重要思想对中国特色社会主义理论体系主题的深化》,《思想理论教育导刊》2009 年第 1 期。

[17] 石仲泉:《论党的指导思想的三次飞跃——学习〈中共中央关于党的百年奋斗重大成就和历史经验的决议〉》,《社会科学文摘》2022 年第 3 期。

[18] 陈思:《邓小平领导起草〈关于建国以来党的若干历史问题的决议〉的辩证方法及其启示》,《邓小平研究》2022 年第 3 期。

后　记

本书详细记述了作者在教学实践中探索教学改革方法及提升教学实效性的过程。

笔者为什么要选择将马克思主义中国化经典著作融入"毛泽东思想和中国特色社会主义理论体系概论"课程中呢？从根本上说，是由马克思主义中国化经典著作的理论特征与"毛泽东思想和中国特色社会主义理论体系概论"课程的性质、内容等基本特点共同决定的。

首先，从马克思主义中国化经典著作的理论特征上看。马克思主义中国化经典著作，我们可以将其理解为是中国共产党人运用马克思主义立场、观点、方法研究和解决中国革命、建设、改革实际问题中综合和提炼关于中国革命、建设、改革实践经验，包含了党和国家主要领导人的一系列理论著作，如《毛泽东选集》《邓小平文选》《江泽民文选》《胡锦涛文选》等。马克思主义中国化经典著作著作蕴含的基本立场观点方法是超越时空的，是我们认识世界、改造世界的锐利思想武器。通过亲近马克思主义中国化经典、走进马克思主义中国化经典、认真品读马克思主义中国化经典，我们不仅可以更好地掌握马克思主义基本原理，深化对中国近现代史的理解和把握，还能受到良好的思维训练和高尚的道德熏陶。

其次，从《毛泽东思想和中国特色社会主义理论体系概论》教材内容上看。当前，全国高校思政课现行的《毛泽东思想和中国特色社会主义理论体系概论》2023版教材是以马克思主义中国化时代化为主线，集中阐释马克思主义中国化时代化进程中形成的理论成果，是对马克思主义中国化时代化理论成果的高度凝练和抽象概括，教材本身虽不是原著，但教材本身对马克思主义中国化经典著作原文有大量的选取，为了更加完整、准确地理解马克思主义中国化时代化理论成果的科学内涵和生动发展历程，还是要回归马克思主义中国化经典原著的原文之中。以上，可以把马克思主义中国化经典原著原文与《毛泽东思想和中国特色社会主义理论体系概论》2023版教材二者之间的关系概括为源与流、或根与叶的关系。加强此项研究的必要性显而易见。

作为一名"毛泽东思想和中国特色社会主义理论体系概论"教师，我会继续沿着这样的一条思路继续完善、深化下去。非常感谢在教学过程为我提供各种指导老师们，您们深厚的学术功底、丰富的教学经验及敬业的工作态度给我很大的启迪与帮助，也非常感谢我和一起参与这项教学改革的同学们，让我们在这一过程中见证了彼此的成长。目前，这项工作中的探索还是初步的，由于时间、能力和水平有限，书中难免出现各类不足，欢迎广大读者、师生提出宝贵意见与建议，在此表示深深的感谢。